그래서, **인터널브랜딩**

브랜딩스러운 조직문화 이야기 ──────────

그래서, **인터널브랜딩**

최지훈 지음

PlanB DESIGN 플랜비디자인   SO, **INTERNAL BRANDING**

오랜 시간 지켜봐 온 저자의 가장 큰 장점은 바로 '진정성'이다. 저자는 자신의 경험과 깊은 사색으로부터 자신만의 고유한 이야기를 길어올렸다. 그리고 그것은 오늘 수많은 직업인들의 고민을 관통하고 있을 뿐 아니라, 이제 우리가 어떻게 직업인으로서 자신의 존재양식을 결정해야 하는지에 대한 해법을 제시한다. 그저 먹고사는 일이 직업이 되어버린 씁쓸한 세상에서, 그가 말하는 인터널브랜딩은 하나의 희망이자 용기의 선언이다.

이창준 | 구루피플스 (주)아그막 대표이사, 이화여대 경영대학원 겸임교수

앞서가는 기업들에게 인터널브랜딩은 이미 대세의 키워드다. 작금의 통합과 통섭의 시대에서는 조직관리와 브랜딩은 다른 개념이 아니다. 브랜드의 대외적 가치는 내부 조직문화의 가치에서 비롯된다는 것은 이제 기업의 가장 중요한 명제가 되었다. 하지만 인터널브랜딩의 높은 관심과는 별개로 지금껏 그 개념과 방법론이 체계적으로 정리된 가이드는 없었다. 이 책은 그 갈증을 채워주는 지침서가 될 것이라 믿는다. 인터널브랜딩은 '안쪽 브랜딩'이 아니라 '안쪽에서 시작되는 브랜딩'이다. 이 책은 그 본질을 친절하고 논리적으로 이야기해준다. 가장 자기다움의 조직문화 만들기를 꿈꾸고 고민하는 기업의 인사조직, 마케팅 부서 직원들에게 일독을 권한다.

남충식 | 이노션(Innocean) 국장, 〈기획은 2형식이다〉 저자

누구나 알고는 있지만, 그 누구도 적확히 정리해내지 못하는 인터널브랜딩의 추상적 개념들을 명확히 일깨워주는 책이다. 예측 불가능한 경영현장 속에서 모래알처럼 흩어지는 조직원들을 한 배에 태우고 '우리다움', '나다움'에 대해 서로 이야기하고 나누는 일은 결국, 우리가 원하는 미래를 창조하는 가장 훌륭한 방법이 아닐까. 이 책은 우리 자신을 위한, 우리 모두를 위한 절대 법칙을 이야기하고 있다는 생각이 들어, 조직에 변화를 불어넣고 싶은 사람들에게 꼭 권하고 싶은 책이다.

강윤정 | (주)더/플레이컴퍼니 대표

브랜딩의 패러다임이 바뀌고 있다. 전략 보다는 실행이, 규모 보다는 속도가, 외부 보다는 내부 브랜딩이 강조되고 있다. 고객과의 접점에서 브랜드를 대표하는 내부 구성원의 역할이 중요해 졌으며, 이들을 대상으로 하는 브랜딩, 즉 인터널브랜딩이 성공적인 브랜딩을 위한 출발점으로 주목 받고 있다. 인터널브랜딩에 대한 개념과 핵심가치들을 이해하기 쉽게 설명한 책, 〈그래서, 인터널브랜딩〉을 통해서 조직 관점의 브랜딩은 물론, 본인 스스로 매력적인 브랜드가 되는 개인 브랜딩의 노하우를 발견할 수 있을 것이다.

우승우 | 더.워터멜론(주) 공동대표, 〈창업가의 브랜딩〉 저자

✕ 인터널브랜딩은 **무엇일까요?**

저는 기업에서 '인터널브랜딩'을 하고 있습니다.

'브랜딩'이라고 하니 마케팅 부서에서 일을 하고 있을 것이라고 생각하실 수 있겠지만, 저는 마케팅 부서에서 하는 브랜딩과는 조금 다른 업무를 하고 있습니다.

아마 대부분의 분들이, '브랜딩'에 대해 '제품 또는 서비스와 고객과의 관계에서 일어나는 일련의 과정을 관리하는 일'로 지금까지 생각하고 계실지 모르겠습니다. 맞습니다. 실제로, 브랜딩에 대한 사전적 정의는 이렇습니다.

소비자로 하여금 상품을 이미지화하기 위해서 광고 홍보 등을 통

하여 지속적인 관리로 소비자들로부터 상품의 이미지만으로도 상

품과 회사를 알리는 마케팅의 한 방법이다.

위의 정의에 따르면, 브랜딩은 마케팅의 한 방법이고 대표적으로 광고, 홍보를 들 수가 있겠네요. 그런데 이 내용이 브랜딩을 대표하는 정의라고 한다면 많은 브랜딩 담당자분들이 쉽게 수긍하시기는 어려울 것 같습니다. 이 내용에는 굉장히 중요한 한 가지가 빠져있기 때문이죠. 바로 고객 경험 (Customer Experience)입니다. 브랜딩은 고객에게 전달되는 경험을 통해 그 가치가 증명됩니다. 많은 사람들이 스타벅스의 고유한 분위기를 즐기고, 애플의 유려한 디자인을 사랑하는 것은 경험을 통해 고객과 브랜드 간에 애착 관계가 만들어졌기 때문이죠. 이러한 맥락에서 위의 정의보다 조금 더 좋은 정의를 찾아보니 이런 내용이 있더군요.

브랜딩은 소비자들의 머리에서 시작해서 감정적으로 느끼는 것이

다. 진정한 경험을 창조하고 소비자와 진실한 관계를 발전시켜 나

가는 과정과 관계의 구축을 통해 형성된다.

위의 정의처럼 일반적으로 브랜딩은 '제품과 서비스 그리고 소비자와의 관계'를 이야기합니다.

여기서 제가 질문 하나를 드리겠습니다.

'영업 사원이 가장 좋은 성과(Performance)를 낼 수 있는 조건은 무엇일까요? 과연 어떤 환경에서 영업 사원이 효과적으로 좋은 성과를 낼 수 있을까요?'

브랜딩 이야기를 하다가 갑자기 왠 영업 사원 이야기냐고요? 이 질문의 답에 제가 하고 있는 인터널브랜딩의 정의와 역할이 담겨 있기 때문입니다. 그리고 왜 조직에 인터널브랜딩이 반드시 필요한지를 이해시켜드릴 수 있기 때문이죠.

제가 영업 사원은 아니지만 그래도 감히 답을 드려본다면 바로 '영업 사원이 자신이 취급하는 제품과 서비스뿐만 아니라 조직에 대해 믿음과 신뢰가 충만할 때'라고 말씀 드리고 싶습니다.

같이 한번 생각해보시죠. 만일 어떤 영업사원이 자신이 몸담고 있는 조직에 믿음도 없고 신뢰도 없는데 자신이 담당하고 있는 제품이나 서비스를 자신감 있게 팔 수 있을까요? 회사가 추구하는 가치를 알지도 못하는데 고객에게 제품과 서비스의 진정한 가치를 전달할 수 있을까요? 그리고, 자기 스스로도 확신이 없는 조직에 몸담고 있으면서 영업 목표액을 달성해야 한다면 정말 많은 스트레스를 받지 않을까요? 조직에서 아무런 가치와 믿음도 발견하지 못한 영업사원은 언제든지 기회가 닿는 즉시, 조직을 탈출할 시기만 손꼽아 기다리고 있을지 모릅니다. 영업사원이 빠져나간 이후, 다시 그 자리를 메꾸기 위한 조직 안에서의 비용과 노력, 그리고 고객과의 관계를 다시 회복하기 위한 시간은 뼈아픈 손실로 남겠지요.

따라서 저는 지금까지의 브랜딩에서 주로 바라보던 제품과 서비스 그리고 고객과의 관계에서 벗어나 그 영역을 조금 더 확장해야 한다고 생각합니다. 바로 조직 안의 구성원까지 말이지요.

즉,

이전까지 [제품/서비스-고객] 관점에서의 브랜딩은

[구성원-조직/제품/서비스-고객]으로 확장되어야 합니다.

지금까지의 브랜딩이 주로 소비자와의 관계를 고민한 익스터널브랜딩(External Branding) 이었다면, 제가 하고 있는 인터널브랜딩(Internal Branding)은 조직 안에 있는 구성원과의 관계를 고민합니다. 익스터널브랜딩이 외부의 고객을 대상으로 성과를 내는 일이라면, 인터널브랜딩은 내부의 구성원과 조직을 대상으로 성과를 내는 일입니다. 그리고 그 성과가 익스터널브랜딩의 성과에 영향을 주고 상호보완 되두록 하는 일입니다. 구성원과 조직의 가치와 정체성이 외부 고객에게 전달되는 제품과 서비스의 가치와 연결되도록 하는 일이지요.

위에서 말씀드린 브랜드의 정의 중 두 번째 것을 인터널브랜딩 관점에서 조금 수정해서 다시 읽어보겠습니다.

인터널브랜딩은 구성원들의 머리에서 시작해서 감정적으로 느끼는

것이다. 진정한 경험과 믿음을 공유하고 구성원과 진실한 관계를

발전시켜 나가는 과정과 관계의 구축을 통해 형성된다.

지금부터 제가 드리는 이야기는 인터널브랜딩 담당자로서
의 경험과 믿음입니다. 제가 하고 있는 업(業)에 대한 경험과
믿음을 여러분들께 조심스럽게 공유 드리고자 합니다. 인터
널브랜딩 담당자로서 가지고 있는 조직과 구성원에 대한 믿
음, 추구하는 가치와 신념을 하나씩 풀어가 볼 예정입니다.

이 책의 내용이 조직 안에서 묵묵히 역할을 다하고 있는 개
인이 자신의 업을 새롭게 정의하여 더욱 창조적인 일을 하
는 데에 영감이 될 수 있기를 기대합니다. 또한 기존에 인재
육성이나 조직문화와 관련된 활동이 인터널브랜딩 활동으
로 인식되고 조직 안에서 더욱 확대된 역할을 할 수 있기를
바랍니다. 그리고 이 책을 읽는 모든 구성원 본인이 곧 조직
의 브랜드가 될 수 있다는 사실을 머리에서 시작해 감정적
으로 느끼셨으면 합니다.

그래서, 인터널브랜딩 입니다.

CONTENTS

이야기
넷

⊁

지속성
지속적인 변화를 위해 필요한 조건은 무엇인가

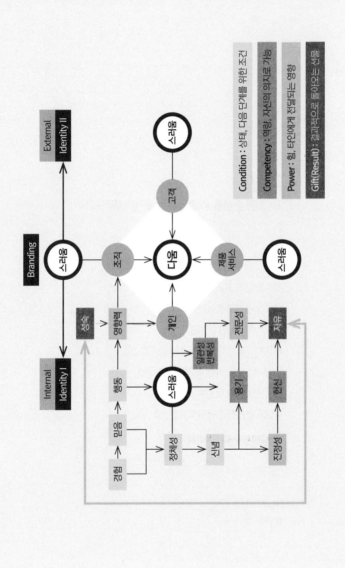

Condition : 상태, 다음 단계를 위한 조건

Competency : 역량, 자신의 의지로 가능

Power : 힘, 타인에게 전달되는 영향

Gift(Result) : 결과적으로 돌아오는 선물

이 그림은

이 책에서 등장하는 인터널브랜딩 활동의

주요 요소들간의 관계를 나타냅니다.

저희가 앞으로 나눌 이야기 여정의 지도인 셈이지요.

다소 모호하고 추상적인 단어들이 많이 보이지만

가치와 문화를 이야기하는데 없어서는 안될 재료들입니다.

각 장을 읽으신 후에 다시 앞으로 돌아와서

이 지도를 살펴보시면 책을 읽기 전과는 다른

통찰을 얻게 되실 겁니다.

각각의 요소들이 개인과 조직 안에서 어떻게 작동되는지

이 지도를 활용하여 각자의 생각을 정리해보세요.

여러분과 함께 보이지 않는 가치에 대해

보이는 것처럼 이야기를 나누는 것이

이 책의 또 다른 목적입니다.

자, 그럼 시작해볼까요?

INTERNAL × BRANDING

✕

정체성

다움과 스러움은
어떻게 만들어지는가

되는 것과 되지 않는 것의 기준 :
✕ 가치

본격적으로 팀과 조직에 관련한 이야기를
나누기 전에, 먼저 한 가지 이야기를 들려드리겠습니다.

어느 가족이 함께 과일을 먹기로 했습니다. 먹고 싶은 과
일은 각자의 기호에 따라 가지각색이었고, 정해져 있는 예
산으로 가족들이 함께 먹을 과일을 정하는 것은 쉽지 않았
지요. 게다가 과일을 아침 식사 대용으로 먹을지, 점심과
저녁 사이에 간식으로 먹을지, 저녁을 먹고 후식으로 먹을
지, 과일을 먹는 시간을 정하는 것도 상당한 의견 조율이

필요했습니다.

오랜 시간 동안의 대화를 거쳐 가족들은 점심과 저녁 사이, 오후 3시에 사과와 바나나 중 한 가지를 선택해서 먹기로 했습니다. 과일을 먹는 것에 대한 가족들 간의 긴 회의가 종료되고, 학원에 가서 이 회의에 참석을 하지 못했던 첫째 딸이 집에 들어왔습니다. 평소 딸을 끔찍이 생각하는 아빠가 딸에게 이렇게 물었습니다.

"우리 과일 먹으려고 하는데, 너 뭐 먹고 싶니?"

"음.. 난 오렌지 먹고 싶은데? 그런데 지금 말고, 있다가 저녁 먹고 먹을 거야."

"그래? 오렌지가 먹고 싶어?"

"응, 오렌지 갈아서 주스로 마시면 더 좋을 것 같아."

이때 엄마는 아빠를 한 번 힐끗 쳐다보고, 딸에게 이렇게 이야기를 했습니다.

"우리 이따가 오후에 사과와 바나나 중에 하나 먹기로 했어. 방금 전까지 가족들끼리 무슨 과일을 먹을지 실컷 가족 회의를 해서 결정되었단다. 넌 둘 중에 뭐 먹고 싶니? 사과? 바나나?"

엄마의 그 질문을 들은 아빠는 엄마에게 딸이 이렇게 원하는데 오렌지를 먹어야 되지 않겠냐며, 오후에 먹을 과일에 오렌지도 추가시키자고 제안을 했습니다. 결국, 가족들은 사과와 바나나뿐만 아니라, 오렌지를 먹고 싶은 과일 후보로 넣을지 말지에 대해서 또 오랜 시간 회의를 하게 되었습니다.

시계는 이미 과일을 먹기로 했던 오후 3시를 지나가고 있었습니다.

여러분들께서 이미 아시다시피 위의 이야기에서 가족은 조직 안의 구성원들이고, 아빠와 엄마는 조직의 리더, 그리고 학원을 갔다가 돌아온 딸은 자신의 개인적인 욕구를 추구하는 구성원으로 볼 수 있겠습니다. 조직 안에서 종종 위의 이야기와 같은 상황이 벌어질 때가 있습니다. 구성원의 욕구를 너무 소중하게 여겨서 그것을 반영하고 실행하기 위한 과정에서 위와 같은 상황이 벌어지는 것이지요.

구성원이 선택할 수 있는 권리는 조직 안에서 어디까지 인정되어야 할까요? 선택할 수 있는 권리가 '자유'라고 한다면 조직 안에서 자유는 어디까지 허용이 되어야 할까요?

만일 딸이 어떤 과일을 언제 먹을지 정하는 가족 회의의 첫 시간부터 자리에 있었다면 '너 뭐 먹고 싶니?'라는 질문을 던진 아빠의 질문은 타당할 지 모릅니다. 하지만 회의를 통해 다른 가족들과의 컨센서스(Consensus)가 이루어진 상황에서 그 자리에 없었던 딸에게 '너 뭐 먹고 싶니?'라는 질문을 던진 아빠의 질문은 과연 타당할까요? 이때는 딸에게 지금까지 가족들과 나눈 이야기의 배경과 맥락을 설명해주고, 그래서 결정된 사안 중에 딸은 어떤 선택을 할지를 물어보는 것이 타당하겠지요. 딸의 권한과 자유를 제한하는 것이 아닙니다. 다른 구성원들과 협의하여 정해진 약속 안에서 딸이 대안 중에 하나를 선택할 수 있는 선택권을 인정하고 그 권리를 부여해주는 것이지요.

이처럼 조직 안에서의 자유는 '선택할 수 있는 권리를 받아 그 권리를 행사하는 것'이라고 할 수 있습니다. 다만 그 선택은 '자신의 마음대로 선택하는 것'이 아닌 '조직 구성원들과 컨센서스를 이룬 약속의 범주 안에서'의 선택이어야 하겠지요.

선택의 상황에서

'약속의 범주'가 되어주는 것은

바로 '가치'입니다.

가치는 조직 안에서

허용이 되는 것과 되지 않는 것의 기준이 됩니다.

의사결정의 장면에서, 역할수행의 장면에서

책임과 권한의 범위를 설정하는 기준도 역시 '가치'입니다.

가치는 개인의 행동을 일관성 있게 만들고

중요한 순간에서 용기 있는 결정을 하도록

안내하는 역할을 합니다.

만일 조직이나 개인이 많은 사람들이 협의하고 공유하고 있는 가치를 벗어나거나, 가치에 기반한 일관성 있는 태도를 보이지 않는다면 사람들로부터 부정적인 이야기를 듣게 됩니다. 예를 한번 들어보죠.

평창 올림픽 여자 팀추월 경기에서 김보름 선수는 경기가 끝난 후 많은 사람들에게 논란의 대상이 되었습니다. 팀워크가 중요한 팀추월 경기에서 뒤쳐진 동료 선수를 배려하지 못한 경기 모습과 인터뷰 태도 때문이었죠. 팀추월 경기는 경기 방식상 가장 늦게 들어온 선수의 기록으로 승패가 결정됩니다. 따라서 세 명의 선수의 팀워크가 매우 중요하지요. 만일 팀추월 경기가 아니라 스피드 스케이팅 경기였다면 김보름 선수는 어떻게 되었을까요? 아마 스타가 되었을지도 모릅니다. 김보름 선수가 국민들로부터 따가운 눈총을 받은 이유는 '팀워크'라는 가치를 벗어났기 때문입니다.

2018 러시아 월드컵에서도 비슷한 일이 있었습니다. 우리나라와 독일과의 경기 후, 독일 골키퍼 노이어 선수가 축구 팬들로부터 많은 원성과 야유를 받았는데요. 그 이유는 경기가 종료되기 전에 골문을 비워두고 공격에 가담하였기 때문입니다. 그로 인해 결국 우리나라의 손흥민 선수가 추가골을 기록하였지요. 노이어 선수가 사람들로부터 야유를 받은 이유는 골키퍼에게 기대되는 '수비와 방어'라는 가치를 벗어났기 때문입니다.

얼마 전에 있었던 수입차 리콜 사태도 마찬가지입니다. 사람들이 수입차를 구입하는 이유는 각자 다르겠지만 가장 중요한 가치 중 하나는 '안전성' 때문입니다. 수천만 원이 넘는

차를 구입하면서 화재를 의심하는 사람은 거의 없겠지요. 많은 고객들이 분노하는 이유는 수입차에게 너무나 당연하게 기대되었던 '안전성'이라는 가치를 벗어났기 때문입니다.

이처럼 가치는 허용이 되는 것과 되지 않는 것의 기준이 됩니다. 가치는 눈에 보이지 않지만 분명히 작동하고 있지요. 실제로 사람들은 특정한 현상이나 상황에 대해서 각자 마음에 경계선을 가지고 있습니다. 반드시 지키고 넘지 말아야 할 선

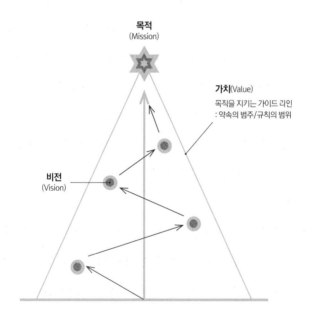

목적
(Mission)

가치(Value)
목적을 지키는 가이드 라인
: 약속의 범주/규칙의 범위

비전
(Vision)

이지요. 그 선을 넘어가면 사람들은 불편함을 느끼고 부정적인 정서를 경험하기도 합니다. 그래서 앞서 나누었던 사례처럼 그 선을 벗어난 대상에게 따가운 눈총을 보내고 야유를 퍼붓기도 하지요. 이처럼, 눈에 보이지 않는 것 같은 가치는 실은 우리의 실천과 행동, 태도를 통해서 확인이 됩니다.

> 인터널브랜딩 활동은 이러한 역할을 하는 가치를
> 발견하고 점검하며 다시 재정의합니다.
> 그리고 조직 내부에서
> 가치가 제대로 작동되도록 하는 일입니다.
> 안에서 충분히 다져지고 공유되고 검증된 가치가
> 내부를 넘어 조직 밖에서도 동일하게 작용되어
> 고객에게 특정한 '믿음'을 심어주는 것.
> 이것이 바로 인터널브랜딩 활동의 목적입니다.

조직 안에서의
진정한 자유와 성숙

다시, 과일 먹기에 대한 가족 회의 이야기로 돌아가보겠습니다.

사과와 바나나 둘 중 하나를 아침도 저녁도 아닌, 점심과 저녁 사이의 오후 3시에 먹기로 결정하기 까지는 다양한 가족 구성원들의 기호와 욕구 등 여러 사항들이 고려되고 논의되었을 겁니다. 한 사람의 기호와 욕구도 중요하지만, 사과와 바나나를 먹기로 결정하기까지 시간을 투자한 구성원들의 노력과 고민, 합의와 양보도 반드시 존중되어야 하겠지요.

그런데 딸의 의사를 존중하기 위해 또다시 진행된 가족회의 때문에, 모든 가족들은 애초에 약속했던 오후 3시에 과일을 먹을 수가 없게 되었습니다. 가족들이 이러한 점을 깨달았을 때, 어쩌면 엄마는 딸에게 애꿎은 질문을 던진 아빠를 비난할지도 모르고, 아빠는 가족 전체의 합의와는 무관한 요청을 한 딸을 탓할지도 모릅니다. 그리고 딸은 자신은 그저 아빠가 물어보니까 답을 했을 뿐이라며 오후 3시에 과일을 먹지 못한 것은 자기 잘못이 아니라고 이야기 할 수도 있겠지요. 만약에 딸이 학원에서 돌아오기 전에 가족 회의에서 '키위'를 먹고 싶다고 주장한 아들이 있었다고 한다면, 아마도 아들은 '왜 누나의 요청만 들어주냐'며 자기는 다시 키위를 먹고 싶다고 주장할지도 모릅니다.

많은 과일 중에서 사과와 바나나 중 한 가지를 점심과 저녁 사이에 먹기로 한 의사결정의 도출은 그냥 단번에 되지 않았을 것입니다. 먼저 과일을 살 수 있는 예산을 따져 보았을 겁니다. 그리고 어제 먹은 과일 이나 점심 식사 메뉴, 혹은 지금 냉장고에 들어있는 음식들을 고려해봤을지도 모르지요. 어쩌면 점심 식사의 아쉬움을 조금 달래줄 수 있으면서 저녁 식사에 영향을 주지 않을 만큼 정도의 포만감을 줄 수 있는 과일을 선택하였는지도 모릅니다.

이처럼 현명한 의사결정은 구성원의 인식과 상황, 조직의 자원과 환경, 기타 다른 대안 등을 복합적으로 고려합니다. 이러한 것들을 고려하지 않고 구성원에게 부여되는 자유는 어쩌면 조직 안에서 누군가가 자신의 책임을 떠넘기는 '친절한 책임전가'일지도 모릅니다. 위의 이야기에서도 친절한 책임전가로 인해 불필요한 회의가 이어졌고, 결국 약속된 시간에 가족 중 어느 누구도 과일을 먹지 못했지요. 이처럼, 개인에게 범위를 넘어서는 과도한 자유를 부여한 친절한 책임전가의 결말은 아이러니하게도, 다시 모든 구성원에게 '속박'으로 돌아옵니다.

인터널브랜딩을 이야기해야 하는데 왜 자꾸 '자유'에 대한 이야기를 하고 있을까요? 그것은 조직 안에서 가치를 설정하고 제도를 설계하는 과정에서 핵심적인 문제가 '자율과 책임의 균형을 어떻게 맞추는가'에 대한 문제이기 때문입니다.

구성원에게 자율을 부여하면 어떤 사람은 '이런 건 어떻게 해야 하는지 구체적으로 알려주었으면 좋겠다'라고 이야기합니다. 또 책임을 요구하면 '내가 이런 일 까지 해야 돼?'라고 항변을 하기도 하죠. 모순처럼 보이지만 자율을 부여하면 책임의 범위를 알려달라 요구하고, 책임을 요구하면 자율을 부르짖는 모습을 봅니다.

그래서 진정한 자유는

'누릴 수 있는 자들만이 누릴 수 있는 기쁨'

이라고 이야기를 합니다.

진정한 자유를 누릴 수 있는 사람은

본인의 선택이 어떠한 결과를 초래할지 예상할 수 있고,

스스로 책임을 질 수 있는 사람이지요.

한 마디로 '성숙'한 개인만이

진정한 자유를 누릴 수가 있습니다.

성숙한 개인은 자기 스스로 규칙을 정하고

스스로 정한 범주 안에서 자유를 누립니다.

츠타야 서점으로 잘 알려진 일본 컬처 컨비니언스 클럽 (Culture Convenience Club, CCC)의 최고경영자 마스다 무네아키가 자유를 '자신이 깨달은 의무를 따르는 것'이라고 정의한

것은 바로 이런 의미가 아니었을까요?

진정한 자유는 마음대로 하는 것이 아닙니다.

조직에서 정한 약속의 범주,

즉 '가치' 안에서 선택의 기회를 가질 수 있다는 뜻입니다.

따라서 조직 안에서의 자율은

선택의 범위와 대안이 제시되어야 합니다.

범위와 대안이 제시되지 못한 자율은

때로는 '다양성'이라는 말로 허용을 주장하기도 합니다.

학원에 다녀와서 회의에 참석하지 못한 딸이 오렌지를 먹고 싶다고 주장하는 것처럼 말이지요. 하지만 다양성은 각각의 개인들이 그 자체로 의미 있고 가치 있음을 인정하는 것이지, '모든 상황에서 어떤 것이든 허용 가능하다'가 아닙니다. 사회와 조직 안에서의 자율과 다양성은 '서로가 서로에게 연결되어 있는 관계'를 형성하고 있음을 먼저 이해해야 하는 것이지요. 따라서 선택의 '영향력'을 인식하고 있는 '성숙한' 개인만이 자유의 가치와 책임의 무게를 능히 감당할 수 있습니다.

서로가 서로에게, 그리고 개인이 조직과 사회에 연결되어 있다는 인식은 매우 수준 높은 성숙함입니다. 이러한 성숙함이 있을 때, 개인은 자신의 행동에 대해 스스로 책임을 감당할 수 있겠지요.

> 책임은 다른 사람과, 그리고 조직과 사회와
> 연결되어 있다는 인식 안에서
> 자신의 역할 범위를
> 스스로 인식하고 정의할 때 발견되기 때문입니다.

조직 내부와 외부의 가치를 서로 동기화시키는 인터널브랜딩 활동에서 가장 중요한 것은, 스스로 가치를 정립하고 가치의 범주 안에서 자유로운 행동과 의사결정을 하는 구성원입니다.

따라서,
인터널브랜딩의 방향을 한 마디로 이야기하면
바로 '성숙'이라고 할 수 있습니다.
성숙한 개인과 성숙한 조직입니다.

인식의
✕ 성숙 단계

성숙이라는 말이 나왔으니, 조금 더 성숙과 관련하여 이야기를 해보겠습니다.

니체가 한 유명한 말 중에 이런 말이 있습니다.

✕

인식에 이르는 길 위에서 그렇게 많은 부끄러움을 극복할 수 없다면 인식의 매력은 적을 것이다.

✕

곧, 무엇인가를 인식한다는 것은 부끄러움을 느끼고 극복하는 일이기에 더 의미가 있다는 이야기겠지요. 인식의 과정은 반드시 '부끄러움'을 수반한다는 것인데, 이 부끄러움의 정체에 대해서 같이 한 번 생각해볼까요?

먼저, 인식의 초기 단계에서의 부끄러움입니다. 무엇인가를 인식하기 시작하면 이전과는 다른 시각과 관점, 태도를 가지게 되어서 마음에 불편함이 찾아옵니다. 다른 사람들은 그렇지 않은데 나만 갑자기 이상한 사람이 된 것 같아서 주변의 눈치가 보이기도 하고 왠지 모르게 내 생각을 드러내기가 '부끄러워'집니다.

다음은 인식의 발전 단계에서의 부끄러움입니다. 새로운 인식 덕분에 다른 관점과 태도를 가지게 되면 이전과는 다른 선택과 행동을 합니다. 하지만 그 과정에서 한계와 제약에 부딪히고 어느 순간 이대로 계속해서 변화된 선택과 행동을 지속해야 할지, 아니면 현실과 타협해야 할지 갈등이 생기지요. 주변 사람들과 갈등도 생기고, 나의 태도와 행동이 조직 안에서 불편함으로 여겨지게 되며, 본인 스스로도 힘들어지면 현실과 타협을 하게 되는데 그런 과정에서 '부끄러움'을 느낍니다.

어떤가요? 철학을 열심히 공부한 것도 아니고 니체라는 철학자를 잘 알지 못하지만 제 나름대로 그가 한 말을 곱씹으며 위와 같이 생각해보았습니다. 공감이 되시나요?

그런데 만약, 제 3단계로 '인식의 성숙' 단계가 있다면 어떻게 될까요?

> 인식의 성숙 단계에서의 개인은
> 스스로 자신의 규칙과 역할을 설정하고
> 책임을 감당해나가며
> 수많은 제약과 한계, 장애를 극복합니다.
> 점점 더 많은 선택의 기회들을 만들어내면서
> 자유를 획득해나갑니다.

결국, 개인의 변화된 인식이 모든 구성원들의 공통의 인식으로 받아들여지고, 조직의 가치와 철학이 됩니다. 이 단계에서 부끄러움은 '겸손'이 되기도 하고, '자랑'이 되기도 할 것 같습니다.

효율성과
× 영향력

인터널브랜딩 활동의 방향은 개인과 조직의 인식 단계를 성숙의 단계로 만드는 것입니다. 개인과 조직이 특정한 가치 안에서 자신의 역할을 설정하고 책임을 감당해 나가는 것이 성숙의 단계 라고 한다면 이는 '영향력'과 관련이 깊습니다. 개인과 조직이 각자 가지고 있는 영향력의 세기와 범위가 어디까지 인지를 깊이 있게 인지하는 것입니다. 개인과 조직, 그리고 사회가 서로 영향력을 주고 받는 과정과 영향력이 작동하는 원리를 이해하고 다시 개인과 조직의 역할을 정립해 나가는 것입니다.

영향력을 고려하여 자신의 역할과 책임을 만들어 나간다는 것이 매우 상식적이고 당연한 이야기인 것 같지만, 우리 사회와 조직에서 이를 실천한다는 것은 쉬운 일이 아닌 것 같습니다. 사람은 어떠한 의사결정을 할 때 본능적으로 '영향력' 보다는 '효율성'을 판단하기 때문이지요. 일이 종료된 후의 결과물과 성과가 투자 대비 얼마나 만족스러운 수준인지, 한정된 자원으로 돌아오는 혜택이 어느 정도인지를 고민합니다. 즉, 의사결정에 대해 소위 '가성비'가 어느 정도인지를 즉각적으로 생각하는 것이죠. 그렇기에 우리는 일상 생활의 작은 물품 하나를 구입하더라도 인터넷에 최저가를 검색하고, 마트에서는 그램(g)당 가격을 확인하며, 구입 이후에도 소비에 대한 의사결정이 과연 합리적이었는지, 다시 말하면 효율적이었는지, 끊임없이 정보를 탐색하는 과정을 경험합니다. 회사나 학교와 같은 조직에서도 올해 예산을 얼마나 효율적으로 사용하였는지가 내년도 예산 수립 시에 중요한 근거와 명분이 되며, 담당자의 능력과 성과를 판단하는 기준이 되기도 하지요.

이처럼, '효율성'이라는 것은 기본적으로 '숫자'와 관련이 깊습니다. 우리가 '효율적으로 비용을 사용하였다, 효율적으로 사업을 운영하였다, 효율적으로 사람을 채용하였다.'라고 이야기 할 수 있는 것은 실제 회계 장부를 통해 확인하지 않더라도, 일반적으로 머릿속의 장부 상에서 특정 논리 또는 비교 집단과의 대조를 통해 판단을 하는 것입니다.

하지만, 회계 장부상에 반영되지 못하는 요인들도 있습니다. 브랜드의 파워, 사람의 능력, 변화의 정도 등은 우리가 분명히 체험하고 이야기하지만, 숫자로는 표현하기 어려운 개념들이지요.

긍정적인 변화를 이끌어 내는 에너지,

즉 '영향력'은 눈에 보이지는 않지만

우리가 실질적으로 경험하고 느끼는 '힘'입니다.

효율성이 '숫자'에 근거한 판단이라고 한다면

영향력은 '가치'에 근거한 판단입니다.

지금 당장 가성비가 떨어지고 오히려 손해를 볼 수 있는 의사결정이 추후 이를 통해 또 다른 기회가 창출되고 새로운 영역으로 확장될 수 있다면, 과감하게 추진하고 밀고 나가야 되겠지요.

그렇다면 영향력을 점검하기 위한 '가치 판단'은 어떻게 할수 있을까요?

가치 판단을 가장 빠르고 쉽게 할 수 있는 효율성이 높은 지름길은 없다고 생각합니다. 진정한 가치 판단은 끊임없는 탐색 과정과 지속적인 이해관계자와의 소통, 그리고 무엇보다 가치 공유와 공감이 필요합니다.

브랜딩을 하는 사람은 정체성을 정립하는 사람입니다. 따라서 누구나 효율성을 이야기 하는 시대에, '가치'를 이야기 하지요. 그리고 구하고자 하는 것은 가치를 통한 '영향력'입니다.

정체성 :
✕ 다움과 스러움

지금까지 이야기 나눈 것을 잠시 정리해 볼까요?

맨 먼저 인터널브랜딩 활동의 목적을 이야기하였습니다. 조직 안에서 '가치'를 발견, 정립하고 내부에서 작동되는 가치가 외부에서도 동일하게 작동되도록 하여 고객에게 특정한 '믿음'을 심어주는 것이지요. 가치가 내재화되도록 하는 활동은 '자율과 책임의 균형 문제'와 긴밀히 연관되어 있기에, 누릴 수 있는 자들만이 누릴 수 있는 기쁨인 '자유'를 이야기하였고 '성숙'에 대해서도 말씀을 드렸습니다. 성숙한 개인과 조직은 선택의 '영향력'을 인식하고 있습니다. 개인과 조직과 사회가 연결되어 있다는 인식 안에서 자신의 역할을 정의하는 것이지요. 그래서 인터널브랜딩 활동의 방향은 '성숙'이라고 말씀 드렸습니다. 성숙한 인식의 단계에 있는 개인과 조직은 영향력을 고려하여 판단하고 자신의 '정체성'을 만들어 나갑니다.

인터널브랜딩에서도 일반적인 브랜딩과 마찬가지로 가장 중요한 핵심은 '정체성(Identity)'입니다. 우리가 제공하는 제품/서비스의 정체성과 조직의 정체성을 어떻게 연결할 것인가. 조직의 정체성은 무엇으로, 어떻게 구축할 것인가. 다양한 구성원의 정체성을 조직의 정체성과 어떻게 연결할 것인가. 고객에게 직접 다가가는 제품과 서비스, 그 제품과 서비스를 제공하는 주체인 조직(기업), 조직 안에서 다양한 역할을 수행하고 있는 구성원. 이 세 주체의 정체성을 정립하고 서로 조화롭게 연결/통합 되도록 하는 것이 브랜딩에서 가장 중요하고도 어려운 활동이겠지요.

정체성을 만든다는 것은
다른 말로 이야기하면 '다름'을 만드는 일입니다.

내가 누군가와 다르다고 이야기할 때 그 다름은

나만이 가지고 있는 '독특함' 때문일 것입니다.

그 독특함을 만드는 것,

그래서 그 독특함을 가지는 것은

'고유한 가치'에서 출발합니다.

자신만의 고유한 가치를 가지고 독특함을 보이는 대상에 우리는 '답다'라는 말을 붙입니다. '애플답다, 나이키답다, 스타벅스답다'와 같이 우리가 익히 잘 알고 있는 브랜드 뒤에 '답다'를 붙이면 그 브랜드가 전달하는 독특한 이미지가 우리 머릿속에 떠오릅니다.

고유한 가치가 조직에, 그리고 구성원 각 개인에게 내재화되는 것은 단번에 이루어지긴 어렵습니다. 내재화 이전에 이해와 동의, 그리고 수용의 과정이 필요하기 때문이지요. 우리만의 고유한 가치를 만들어내는 과정은 '우리다움'을 만들어내는 과정입니다. '우리답다'라고 했을 때 그 이야기를 듣는 상대방도 나와 동일한 느낌과 이미지를 가지게 된다면 '우리'에게는 독특한 가치와 믿음이 만들어졌다고 할 수 있겠습니다. 독특한 가치와 믿음을 공통으로 가질 때 확인되는 '다움'이라는 것은 그럼 어떻게 만들어질까요?

다움을 이야기 하기 전에 먼저 '스러움'을 이야기 해보겠습니다. '어른스러움', '여성스러움' 할 때의 그 '스러움' 말이지요. 최근에 인문학이나 자기계발 분야뿐만 아니라 브랜딩에서도 '자기다움'을 강조하고 있는데, '다움'과 '스러움'은 어떻게 다른 것일까요?

일단, 인터넷을 통해서 살펴본 두 단어의 의미는 크게 다르지 않습니다. ['어떠한 성질이 있음'의 뜻을 더하고 형용사를 만드는 접미사]로 정의가 됩니다. 먼저 두 단어의 공통점을 살펴보면, '답다'와 '스럽다'는 모두 사전에 프레임을 가지고 있습니다. 우리가 누군가에게 '어른답다' 또는 '어른스럽다'라고 이야기 할 수 있는 것은 이미 그 전에 '어른'에 대하여 공유된 관념이 있는 것이지요. 그렇기 때문에 우리는 누군가가 '어른답다'거나 '어른스럽다'라는 말을 들었을 때, 빠르게 그 사람에 대한 이미지를 떠올릴 수 있습니다. 이미 형성되어 있는 고정관념적 프레임으로, '○○답다' 또는 '○○스럽다'라는 표현을 통해 빠르게 특성과 형상을 캐치할 수 있죠. '답다'나 '스럽다'의 앞에

붙는 명사 '○○'에게 일반적으로 가지고 있는 공유된 관념과 이미지 덕분에 우리는 초면인 사람에게도 특정한 '행동'이나 '태도'가 발견되었을 때, '○○다우시네요, ○○스러우시네요'라고 이야기 할 수 있습니다. 왜냐하면 상대방도 그 단어에 대해 이미 공유된 관념과 프레임을 가지고 있기 때문이지요.

그런데 미세하게 두 단어의 뉘앙스가 다르고 실제로 우리가 생활 속에서 사용할 때에도 구분해서 사용하는 경향이 있습니다. 예를 들어, 자랑'스럽다'고 하지, 자랑'답다'라고는 잘 표현하지 않지요. 그럼 '다움'과 '스러움'의 차이를 구체적으로 살펴볼까요?

'스럽다'의 동의어는 '스타일이다'가 될 수 있습니다. 만일 어떤 제품을 가리켜 '애플스럽다'고 이야기 한다면, 그것은 매끈하고 잘빠진 디자인이 연상되는 '애플 스타일'을 닮았다는 의미일 것입니다. 또한 다음과 같은 청소기 이미지를 본다면 우리는 '다이슨'이라는 브랜드를 연상할 수 있습니다. 어떠한 제품을 가리켜 '다이슨스럽다'고 이야기 하는 것은 그것이 바로 '다이슨 스타일'을 가지고 있기 때문입니다. 설령 그것이 차이슨이라 할지라도 말이지요.

　명품에 특히 '스타일' 제품들이 많습니다. '에르메스 스타일'이라고 하면, 진짜 에르메스가 아니라 에르메스와 외양, 디자인이 비슷한 제품을 이야기 합니다. 에르메스가 쓰는 오리지널 가죽과, 디테일한 장식을 완벽하게 똑같이 따라 할 수 없지만 거의 흡사하게 따라한 모방 제품을 우리는 '스타일' 제품이라고 부르지요.

　'스러움'은 스타일을 이야기 하므로 모방이 가능합니다. 기존에 사람들의 기억이나 인식 속에 가장 대표적으로 자리잡고 있는 특정한 대상과 비슷하거나 닮아있을 때 우리는 '○○스럽다'고 표현하지요. 즉 '스러움'은 '유사성'을 이야기합니다. 실은 닮아있는 것이지, 실제 그것은 아니지요. 비슷하기는 하지만 조금 미흡함이 있음도 그 뜻에 함께 포함됩니다.

그럼 '다움'은 어떻게 이야기할 수 있을까요?

태도가 나이에 비해 점잖고 성숙된 언행을 보이는 어린 아이에게 우리는 보통 '참 어른스럽네!'라고 이야기합니다. 그런데, 그 아이에게 '참 어른답다!'라고도 표현할 수 있을까요? 어린 아이에게 '어른답다'라고 이야기하는 것은 알맞은 표현이 아닙니다. 왜냐하면 '답다'라는 표현은 사람들의 기억이나 인식 속에 대표적으로 자리잡고 있는 특정한 대상의 이미지나 성질을 다시 한번 인정하고 재확인하는 표현이기 때문입니다. 누군가에게 '어른답다'라는 표현을 할 수 있으려면 그 대상도 실제 어른이어야 합니다. 어른으로서 기대되는 자격을 제대로 갖추고 있어야 하지요. 따라서 '다움'은 '충분함'을 이야기합니다. 표현하는 그 대상이 기대수준과 자격을 충분히 갖추고 있다는 것이지요. 그래서 '다움'은 기대하는 특성과 이미지를 충분히 갖추고 있다는 '정체성'에 대한 인정의 표현이기도 합니다.

위와 같은 논리로, 만일 사람 말을 잘 알아듣고 사람을 잘 따르는 고양이에게 '참 강아지다운 면이 보이네요'라고 말한다면 이는 잘못된 표현입니다. '강아지답다'고 말하는 것은 대상이 실제 강아지일 경우에만 가능하기 때문에, 고양이에게 강아지답다고 해서는 안되겠지요. 그 동물의 정체성은 고양이기 때문에 이때에는 '강아지스러운 면이 보이네요'라고 하는 것이 더 올바른 표현 일 것입니다.

정리하자면, '다움'과 '스러움'은 조직과 사회 전반에 일반적으로 형성되어 있는 관념에서 시작되는 것으로, 비교적 쉽고, 빠르고, 간편하며 보편적인 느낌으로 사용될 수 있습니다. 하지만 '스러움'은 대상에 대한 유사성을 이야기하는 것으로 완벽하게 일치하지는 않지만 닮아있음을 뜻하지요. 닮아있지만 실제 오리지널은 아닌 겁니다. 반면 '다움'은 대상에 대한 기대수준과 자격이 충분함을 이야기하는 것으로 실제 오리지널로서의 특성을 다시 한번 확인하고 인정하는 표현이지요.

다움과 스러움을 조직에 적용하여 생각해보면, 이렇게 생각할 수 있습니다.

'스러움'은 '스타일'입니다.
스타일은 모방이 가능하지요.

모방이 가능하다는 것은 쉽게 따라 할 수 있다는 것 이죠.

우리는 쉽게 따라 할 수 있는 행동과 태도로

'스러움'을 발견하고 표현합니다.

조직 안에서 행동이나 태도는

'일하는 방식'으로 이해할 수 있습니다.

반면,

'다움'은 '정체성'입니다.

오랜 기간 관찰되어 누적된 대상의 속성과 특성을

이해하고 수용한 후에,

이를 누구나 재확인하고 인정하는 표현이지요.

'다움'을 표현하고 설명하기 위해서는

대상에 대한 정체성을

먼저 제대로 이해하고 있어야 합니다.

조직 안에서 이 '다움'이 바로 '가치'와 '문화'가 됩니다.

어때요? 다움과 스러움의 차이가 공감이 되시나요? 제가 말씀
드린 내용이 공감이 되신다면, 이렇게도 이해해 볼 수 있겠습니다.

> 스러움(일하는 방식)은 쉽게 모방 가능하나,
>
> 다움(가치와 문화)은 쉽게 모방 될 수 없습니다.
>
> 스러움(일하는 방식)은 변할 수 있지만,
>
> 다움(가치와 문화)은 잘 변하지 않습니다.

✕

Everything Changes, but Nothing Changes.

✕

위의 에르메스(Hermes)의 슬로건처럼 모든 것은 변하지만, 변하는 것은 아무것도 없기도 합니다.

예를 들어 통신수단이 과거의 편지에서 유선 전화기를 거쳐 핸드폰으로, 이제는 최신 스마트폰으로 변화하고 있지만 그 본질적 가치가 커뮤니케이션에 있다는 것은 변함이 없죠. 외부적인 형태는 변하더라도 고유의 가치와 정체성은 쉽게 변하지 않습니다. 이와 같이 브랜딩에서는 변하는 것과 변하지 않는 것을 구분하는 것이 매우 중요합니다. 조직 안에서 가치를 발견하고 이 가치를 이해와 수용, 동의의 과정을 거쳐 잘 내재화 시키고 문화로 발전시켜 나가는 과정은, 하나의 브랜드를 개발하고 발전시켜 나가는 것과 그 원리가 비슷하지 않을까 싶습니다.

핵심가치에서의
다움과 스러움

            '다움'과 '스러움'을 조직의 핵심가치로 다시 가져와보겠습니다. 일반적으로 조직 안에서 핵심가치모델이 정립되면 가치를 단어 그 자체로 나열하고 끝내는 것이 아니라 그 가치를 잘 지키는 것이 구체적으로 어떻게 하는 것인지를 나타내는 '행동규범'을 같이 정리합니다. 즉, 핵심가치 중 하나가 '성실'이라고 한다면 조직 안에서 '성실'의 가치를 추구하는 것이 구체적으로 어떻게 하는 것인지를 몇가지의 '행동규범'으로 표현을 하지요. 행동은 겉으로 보여지고, 쉽게 관찰됩니다. 누구나 쉽고 빠르게 적용할 수 있고, 다른 사람의 행동을 모방 할 수도 있습니다. 그래서 핵심가치의 행동규범은 '스러움'입니다.

　어느 조직의 모든 구성원이 '정직'이라는 핵심가치를 실제로 내재화하고 있다고 가정해보겠습니다. 그 조직의 모든 구성원이 누구나 100% 정직한 겁니다. 자신의 역할을 수행함에 있어 진심을 다하고 의사결정의 과정도 투명하게 공유합니다. 동료들과도 진솔하게 대화를 나누고 고객과 이해관계자에게 제품이나 서비스의 가치도 꾸밈없이 전달합니다. 이러한 행동이 정직이라는 것을 모르는 사람은 아마 없을 겁니다. 하지만 정직의 가치를 이렇게 실천으로 옮기는 것은 아무리 세계 최고의 기업이라 해도 쉽지 않을 것입니다.

　그래서 핵심가치는 '다움'입니다. 조직 안에 핵심가치가 제대로 내재화되면 경쟁사가 쉽게 따라 하기가 어렵습니다. 따라 하려고 해도 시간이 매우 오래 걸립니다.

　핵심가치모델이 핵심가치와 행동규범으로 이루어져 있는 이유는 행동규범을 잘 지키고 꾸준히 지속하면 핵심가치가 충분히 공유되고 내재화 될 수 있을 것이라는 믿음 때문입니다. 즉, '스러움'을 반복적이고 일관적으로 유지하면 '다움'이

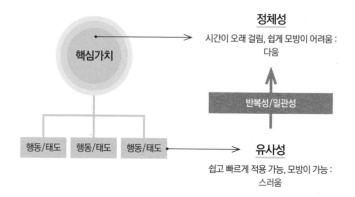

되는 것입니다.

실제 인터널브랜딩 활동에서 '반복성'과 '일관성'은 매우 중요합니다. 어떠한 활동이든 변동적이고 일시적이라면 각각의 상황마다 다른 대응 방안을 생각해야 합니다. 때로는 임기응변과 유연성이라는 말이 각각의 선택을 합리화시켜줍니다. 하지만 매번 그때마다 다른 선택과 결정이 반복되면 사람들은 도대체 어디로 가야 하는지 갈피를 잡을 수가 없게 됩니다. 중요한 선택의 순간에 용기 있는 결정이 필요할 때 활용할 수 있는 도구와 기준이 없으니 결정을 서로가 미루거나 연기하는 일도 생기지요. 조직 안에서 가치가 힘을 잃으면 구성원들은 조직을 신뢰하지 않게 됩니다.

가치가 힘을 가지기 위해서는

반복성과 일관성이 필요합니다.

반복되고 일관된 과정에서

가치가 사람들과 관계를 가지면서 맥락이 형성되어

진정한 '다움'이 발견됩니다.

인터널브랜딩 활동의 Key :
일관성

인터넷 서핑을 하다가 재미있는 글을 발견했습니다. 'CIA에서 알려주는 조직 망치는 비결'이라는 글인데요. 실제로 이 글은 미국중앙정보국(CIA)에서 25년이 넘은 문서 중 역사적 가치가 있는 것을 기밀 해제하는 과정에서 대중들에게 가장 많은 관심을 받았던 문서라고 합니다. CIA의 전신인 미국 전략 사무국이 제 2차 세계대전 도중인 1944년에 만든 문서로, 적국의 산업을 은밀하게 파괴할 수 있는 산업 스파이 기술이 담겨있는 '업무 방해 실전 매뉴얼(Simple Sabotage Field Manual)'이라고 합니다. 몇 가지 내용을 소개해보겠습니다.

◆ 모든 것을 '절차'에 따라 해야 한다고 주장하라. 결정을 빠르게 하기 위해 지름길을 쓰는 걸 절대 용납해선 안 된다.

◆ '연설'을 하라. 가능한 한 자주, 그리고 최대한 길게 이야기하라. 내 주장의 '요지'를 개인적인 경험과 긴 일화들로 표현하라.

◆ 가능하면 모든 문제를 '추가적인 연구와 숙고를 위해' 위원회에 맡긴다. 위원회의 규모는 최대한 크게 만들도록 하라. 적어도 다섯 명은 넘어야 한다.

◆ 의사소통을 할 때나 회의록, 합의안 작성 때마다 정확한 문구를 갖고 딴지를 걸어라.

◆ '주의'를 강조하라. 당신부터 '합리적'이 되고 동료 참석자들에게도 '합리적'이 될 것을 요구하라. 나중에 문제가 될 수 있으니 결코 서둘지 마라.

◆ 상대적으로 중요하지 않은 업무에 대해서 완벽함을 강요하라. 아주 작은 흠이 있더라도 다시 처리하라고 돌려보내라.

◆ 업무지시나 비용처리를 할 때 요구되는 절차와 승인을 더 늘려라. 한 명이 승인해도 되는 일을 세 명이 승인해야 하도록 하라.

✕

어떤가요? 혹시 여러분이 속한 조직에서 자주 발견되는 장면이 있지는 않나요? 내용도 재미있지만, 이 문서에서 제시한 가이드가 모두 구체적인 '행동규범'으로 작성되어 있다는 사실도 흥미롭습니다. 아마도 이 문서를 제작한 CIA의 연구원은 '스러움(행동규범)'과 '다움(핵심가치)'의 관계를 알고 있었던 모양입니다.

여러분은 '스티브 잡스'를 어떤 모습으로 기억하고 있나요? 혹시 검정색 폴라티에 청바지를 입고, 뉴발란스 운동화를 신은 잡스를 머릿속에 떠올리고 계시지 않으신가요? 이상하게 우리의 머릿속에는 꽃남방을 입은 스티브 잡스나 면바지를 입은 스티브 잡스의 이미지가 잘 떠오르지 않습니다. 그것은 아마도 스티브 잡스의 '일관성'있는 고집 있는 패션 감각 때문이 아닐까요?

수년간 유지된 스티브 잡스의 일관성 있는 패션은 스티브 잡스의 '캐릭터'로 자리잡았습니다. 캐릭터를 넘어서 어느 순간에는 스티브 잡스의 '정체성(Identity)'이 되었지요.

평창 올림픽 여자 컬링 종목의 국가대표 '김은정' 선수는 '영미야!'라는 구호로 일약 국민 스타가 되었습니다. 어떤 상황에서도 일관성 있는 표정으로 웃지 않던 '안경 선배'는 올림픽 이후 각종 예능에서 독특한 캐릭터로 큰 웃음을 안겨주었고, 김은정 선수의 또 다른 정체성이 되었습니다.

이처럼,

사람 또는 특정 대상이 독특한 캐릭터가 되고

그것이 정체성으로 연결되기까지 가장 중요한 것은

바로 '일관성(Consistency)'입니다.

확고한 신념에서 나오는 일관된 기준과 행동은

'정체성'을 만드는 필수 요건입니다.

명확한 정체성을 가지고 있을 때,

그제서야 사람들은 자연스럽게

'다움'을 이야기 할 수 있습니다.

배달의 민족 서비스를 운영하고 있는 '우아한 형제들'의 김
봉진 대표는 이렇게 이야기합니다.

✕

내부 구성원들은 원래

자신이 고객에게 제공하는 서비스를

지독하게 좋아하는 친구들이어야 해요.

모든 고민은 하나예요.

'어떻게 하면 잘 팔지?'가 아닌,

'어떻게 하면 브랜드를 사랑하게 만들지?'.

배민스러운 사람들이 모여서

계속 배민스럽게 일하는 것이야말로

인터널브랜딩의 핵심이라고 믿어요.

일하는 직원들이 계속 배민을 사랑하게 만드는 거요.

✕

인터널브랜딩 활동을 그저 '조직문화' 활동이라고 이야기하
는 것이 조심스러운 이유는 바로 여기에 있습니다. '조직문화'

라고 하면 그 대상이 단지 내부 구성원으로만 한정 짓는 느낌
이 들기 때문이지요. 인터널브랜딩은 내부 구성원과 외부 고
객을 동시에 생각합니다. 내부 구성원과 외부 고객 사이에 있
는 그 '가치'를 고민합니다.

조직문화 말고 '브랜드 문화'라고 표현하면 어떨까요? 내부
의 모든 구성원이 조직의 브랜드가 추구하는 가치에 따라 일
하고 생활하는 조직문화를 만들어가는 일련의 과정입니다.

내부의 긍정적 정서를 만드는 것에 그치는 것이 아니라

내부의 문화가 자연스럽게 외부의 문화로 연결되고,

외부의 가치와 믿음이 내부로 자연스럽게 흘러 들어와

다시 새로운 가치와 문화를 만들어내는 과정이지요.

브랜드의 관점에서 내부와 외부의 가치와 철학이

상호교류하고 통합되는 과정입니다.

그래서 인터널브랜딩은 과정,

즉 '프로세스'를 관리하는 활동입니다.

인터널브랜딩 프로세스 :
╳ 결과보다는 믿음

인터널브랜딩 활동에서 관리해야 하는 프로세스는 어떻게 구성되어 있을까요?

우리는 사회와 조직 안에서 다양한 경험을 합니다. 개인이 가지고 있는 무수한 경험은 개인에게 '믿음'을 형성합니다. 어떤 중식당에서 정말 맛있는 짬뽕을 경험하였다면 '이 집에서는 무조건 짬뽕을 먹어야해!'라는 믿음이 생길 수 있겠지요. 여행을 갈 때 선크림을 가져가지 못해서 고생을 한 경험이 있다면 '다음에 여행을 갈 때는 반드시 선크림을 챙겨야지!'라는 믿음을 가지게 됩니다. 이러한 경험과 믿음 때문에 실제로 누군가는 그 중식당에서 무조건 짬뽕을 주문하고, 여행을 갈 때 선크림은 놓치지 않고 챙겨갑니다. 그리고 이런 행동은 그 중식당을 유명한 짬뽕 맛집으로 만들거나 함께 놀러간 친구의 피부까지 챙겨주어 친구들로부터 찬사를 받는 놀라운 결과를 가져오기도 합니다. 그리고 이 결과는 여기서 끝나는 것이 아니라, 다시 누군가의 경험이 됩니다. 유명한 짬뽕 맛집에 방문한 누군가의 첫 짬뽕 경험이 될 수도 있고, 한번도 선크림을 바르지 않은 누군가가 선크림을 구입하는 계기가 될 수도 있겠지요. 다시 말해, 특정한 행동으로 만들어진 결과가 다시 누군가의 경험이 되는 것입니다. 앞에서 우리가 '영향력'에 대한 이야기를 나누었는데 기억이 나시나요?

> [경험 → 믿음 → 행동 → 결과 → 그리고 다시 경험]
>
> 이라는 과정으로 개인은 다른 개인과 조직,
>
> 그리고 사회와 긴밀한 영향력을 주고 받고 있습니다.

다양한 경험으로 특정한 믿음을 가지게 되는 사람은 어떤 상황/대상을 맞닥뜨리면 자신의 가치와 믿음에 따라 다르게 생각하고 행동하며 말을 합니다. 예를 들어, 미술관에서 멋진 그림을 보면 '얼마짜리 그림이지?'라는 생각을 하는 사람이 있지만 어떤 사람은 화가의 정신과 몰입을 떠올리며 '어떻게 이렇게 멋진 그림을 그릴 수 있었을까?'라고 생각을 하는 사람도 있습니다. 열심히 공부하고 있는 학생을 만나면 '공부 잘하게 생겼네, 반에서 몇 등이지?'라고 묻는 사람도 있지만, 학생의 적성과 흥미에 관심을 두고 '요즘 학교 생활에 흥미를 느끼고 있니?'라고 묻는 사람도 있습니다. 고객을 만나며 분주하게 자신의 역할을 수행하는 영업 사원에게 성과와 실적을 중요시 생각하는 사람은 '이번 달에 매출을 얼마나 했나?'라고 묻겠지만, 성장과 자아실현을 중요하게 생각하는 사람은 '당신은 일을 하며 성장을 하고 있는가?'라고 물을 것입니다. 이처럼, 각자가 가지고 있는 생각과 행동, 말은 그 사람이 가지고 있는 경험과 믿음에 기반합니다.

결국, 인터널브랜딩 활동은

행동이 아니라 믿음을 설계하는 일입니다.

어떤 믿음을 줄지를 고민하고,

그 믿음에 적합한 경험을 제공하는 일입니다.

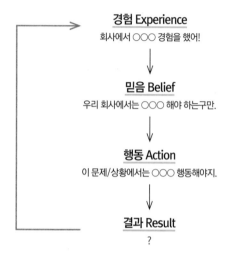

경험 Experience
회사에서 ○○○ 경험을 했어!

↓

믿음 Belief
우리 회사에서는 ○○○ 해야 하는구만.

↓

행동 Action
이 문제/상황에서는 ○○○ 행동해야지.

↓

결과 Result
?

인터널브랜딩의 목표 :
동기와 가치, 그리고 믿음

인터널브랜딩 담당자로서 다양한 프로젝트를 기획하고 진행해보니 조직 내에서 진행하는 인터널브랜딩 프로젝트의 목표는 크게 두 가지로 구분된다는 것을 발견할 수 있었습니다.

첫 번째 목표는, 지식과 정보를 전달하는 것입니다. 이는 다른 사람들과 주파수를 맞추는 작업입니다. 특정한 이슈에 대한 지식이나 정보를 공유하여 이해 관계자들이 비슷한 수준의 이해와 관점을 갖게 하기 위한 것입니다. 제품이나 서비스 OJT(On the Job Training) 활동이나 우리가 예전에 학교에서 경험한 Teaching 방식의 교실 학습은 지식과 정보를 전달하기 위한 활동이라고 볼 수 있겠습니다.

두 번째 목표는, 동기와 가치를 전달하는 것입니다. 이는 다른 사람들의 행동을 변화시키기 위한 작업입니다. 사람은 지식과 정보를 받아들이고 이해했다고 해서 행동이 변화하지 않습니다. 특히 성인일수록 본인 스스로 충분히 이해되고 수용되지 않는 한 변화하기는 매우 어렵겠지요. 만일 스무살이 넘은 어떤 사람이 새로운 지식과 정보를 받아들이자마자 그의 행동에 변화가 생겼다면, 지식과 정보의 이해 이전에 그가 스스로 가지고 있었던 동기와 의지 때문일 것입니다. 혹 그것이 아니라면 단기적인 필요성에 의한 노력일지도 모르겠습니다.

지속적이고 근본적인 변화는 지식과 정보를 통해 전달된 동기와 가치에서 시작합니다.

인터널브랜딩 담당자가

프로그램을 기획한다는 의미는

단지 지식과 정보를 구성하는 것뿐만 아니라

변화를 위한 '동기와 가치를 설계하는 일'을 포함합니다.

이해와 동의, 그리고 수용의 과정을 거쳐

결국 구성원의 생각과 행동이 변화할 수 있도록

일련의 '경험'을 설계하는 일입니다.

경험을 통해 궁극적으로 주고자 하는 것은 무엇일까요? 많은 분들께서 아마도 '변화'라고 답을 하시지 않을까 싶습니다. 그럼 경험을 주면 자연스럽게 변화가 생길까요? 변화를 위해서는 경험이면 과연 충분한가요?

눈치가 빠른 독자 분들은 아마 '경험과 변화 사이에 무엇인가 있구나.'라고 파악하셨을 겁니다. 이미 앞에서도 말씀 드렸지만, 경험과 변화 사이에는 바로 '믿음'이 있습니다.

예를 들어, 어떤 직원이 보고서의 띄어쓰기 문제로 리더로부터 크게 혼이 나는 경험을 했다고 가정해보겠습니다. 그 직원은 그 경험으로 인해 '아, 앞으로 보고할 때는 무조건 띄어쓰기를 다시 잘 살펴봐야겠구나.' 하는 믿음을 가지게 되겠지요. 그리고 같은 상황이 왔을 때 이전보다 더 꼼꼼하게 자신이 작성한 보고서의 문장을 살펴보도록 행동이 변화될 확률이 높을 것입니다. 또 회사에서 승진자 발표가 있는 날이면 사람들은 승진자 명단을 살펴보고, '아, 우리 회사에서는 ○○○(특성을 지닌) 사람들이 승진하는구나.' 하는 믿음을 가지게 됩니다. 그리고는 '앞으로 우리 회사에서 성장하고 승진하기 위해서는 ○○○ 행동하고 일해야겠네'라는 나름의 변화의 방향을 설정하게 되겠지요.

위의 예시처럼, 사람들은 자신의 경험을 '시그널(Signal)'로 활용합니다. 경험을 경험 그 자체로 받아들이는 것에서 그치는 것이 아니라, 그 경험을 해석하고 새로운 의미를 만들어냅니다.

시그널로서의 경험은

개인과 조직에게 이전과는 다른 '믿음'을 형성하게 하고,

그 믿음으로 개인과 조직은 이후의

다른 행동이나 선택을 하게 되는 것입니다.

결국 변화를 위해 설계해야 하는 것은 변화 그 자체라기 보다는 변화의 근간이 되는 '믿음'이라고 이야기 할 수 있습니다. 구성원들에게 어떤 믿음을 줄지를 고민하고, 그 믿음을 의

도적으로 유도하고 지속적으로 그 믿음에 대한 확신을 주기 위해 '경험'을 제공하는 것입니다.

많은 조직에서 가치를 내재화하고 특정한 문화를 만들기 위해 구성원들에게 행동규범을 전파하고 교육을 시행합니다. 일상적인 업무의 장면에서 조직이 추구하는 가치를 지키는 각 행동들에 대해서 논의합니다. 그리고 행동규범을 정리한 매뉴얼을 만들어서 뿌리고 몇 번의 이벤트를 진행한 후 변화가 일어나길 기대합니다. 이런 과정 속에서 변화가 일어나기는 어렵습니다. 구성원들의 믿음을 고민하지 않았기 때문이지요. 정보와 지식의 전달은 사람을 쉽게 움직이기 어렵습니다. 동기와 가치가 사람을 움직이지요. 구성원들에게 어떤 믿음을 줄지 고민하는 과정은 바로 동기와 가치를 점검하는 과정입니다. 구성원들이 현재 가지고 있는 믿음을 점검하고 앞으로 필요한 새로운 믿음의 내용을 정의하여 그 믿음에 필요한 경험을 제공해야 합니다.

가치는
프로세스다

만일 수년 전에 만든 조직 안에서의 가치를 아직까지 구성원들이 잘 모르거나, 많은 노력에도 불구하고 조직 내에서 가치지향적인 변화가 없다면, 두 가지 차원에서 점검을 해보아야 합니다.

첫째는 소프트웨어 측면의 커뮤니케이션 활동입니다. 인사·교육담당자, 조직문화담당자, 내부 커뮤니케이션 담당자 등 조직 내에서 가치를 전파하고 커뮤니케이션 역할을 하는 사람은 조직의 특성에 따라 다양합니다. 그런데, 이런 한두 명의 담당자나 팀에 핵심가치 내재화라는 미션을 맡기고 조직

전체의 변화를 기대해도 문제가 없을까요? 핵심가치 내재화를 위한 커뮤니케이션 활동이 성공하기 위해서는 먼저 구성원들의 적극적인 참여가 가장 중요합니다. 커뮤니케이션이 일어나는 장면에서 조직 구성원들의 자율적인 참여가 일어나야 합니다(구성원들의 참여와 관련해서는 '이야기 둘'에서 조금 더 자세하게 이야기 나누어보겠습니다). 그리고 리더십의 솔선수범이 필요합니다. 롤모델로서의 리더십의 모습이 조직 안에서는 그 자체로 강력한 커뮤니케이션이 됩니다. 또한 반복되고 일관성 있는 상징과 의미 전달이 중요합니다. 가치를 담은 고유의 상징을 마련하고 지속적으로 구성원들이 이야기하고 실천하는 장면들이 만들어져야 합니다.

두 번째 점검해보아야 할 것은 하드웨어인 시스템과 제도입니다. 가치와 연결된 제도와 시스템은 구성원들에게 시그널(Signal)이 됩니다. 조직에서 어떤 사람을 뽑는지, 어떤 사람이 좋은 평가와 보상을 받는지, 어떤 사람이 더 많은 책임과 역할을 맡게 되는지 등은 구성원들에게 시그널로서의 경험으로 받아들여져서 특정한 믿음을 만듭니다. 그리고 그 믿음에 기반해 조직 안에서의 행동을 선택하지요. 그래서 제도와 시스템을 설계할 때에 가치의 영향력을 반드시 고려해야 합니다. 외부의 고객이 원하는 가치를 잘 전달할 수 있도록, 구성원이 조직과 브랜드의 가치에 합당한 믿음을 가지고 행동할 수 있도록 내부의 제도와 시스템이 마련되어야 합니다. 그리고 소프트웨어 측면과 마찬가지로 하드웨어 측면에서도 반복성과 일관성은 매우 중요합니다. 바로 반복되고 일관성 있는 '피드백'입니다(피드백과 관련된 내용은 '이야기 넷'에서 나눕니다). 조직의 주요 사안에 대해 어떤 가치에 근거해서 어떤 맥락으로 의사결정이 이루어졌는지 'Why'를 공유 하는 것입니다. Why는 본질에 대한 질문으로 믿음이자 신념이며, 현상에 대한 목적입니다. 조직의 제도와 시스템, 그리고 의사결정에 대해 가치에 근거한 'Why피드백'이 반복적이고 일관적으로 이어진다면 구성원들은 조직뿐만 아니라 자신의 역할에 대해서도 더 큰 믿음과 신념을 갖게 될 수 있습니다.

가치는 프로덕트가 아니라 프로세스입니다.

계속해서 이야기하고 토론하며 적용하고 다시 돌아보는 일

련의 과정 속에서 가치는 발견되고, '다움'이 만들어지는 것이
지요.

그래서 인터널브랜딩 활동은

조직 안에서의 일상 속에서

지속적으로 가치와 믿음을 논의하는 그 모든 과정입니다.

조직의 철학과 가치를 전달하고 공유하는

커뮤니케이션(Communication)과정이며

업의 본질과 일을 하는 방식에 대한

생각을 연결하고 공유하며 확장하는

아이디에이션(Ideation)의 과정이기도 하고,

구성원 개인의 성찰과 변화가

조직의 정체성으로 연결되는

아이덴티티(Identity)의 과정입니다.

✕ 인터널브랜딩의 성공 요인

브랜딩이 제품과 서비스의 품질, 가격, 유통, 마케팅 등의 과정에서 소비자에게 지속적으로 브랜드의 가치를 전달하는 것이라면, 인터널브랜딩은 브랜드의 가치가 조직 안의 구성원을 통해 구현되는 것입니다. 구성원을 단지 일하는 직원이 아니라 브랜드의 가치를 전달하는 브랜드 대사 (Ambassador)로 인식하는 것이지요.

실제로 인터널브랜딩 과정에 많은 조직에서 주요 구성원들을 브랜드 대사로 임명합니다. 그들에게 다양한 역할과 과제도 부여하죠. 브랜드 대사들을 통해서 조직이 원하는 철학과 가치가 전파되길 기대하는 겁니다. 하지만, 구성원들이 스스로 본인을 브랜드 대사로 인식하는 것은 쉽지 않습니다. 심지어 자사의 브랜드임에도 불구하고 아예 무관심하거나 적대적인 태도를 가지고 있는 구성원이 발견되기도 합니다.

인터널브랜딩이 성공하기 위해서는 무엇이 필요할까요? 어떻게 해야 구성원들이 스스로 브랜드 대사로서의 인식을 가질 수 있을까요?

버만(Bermann)과 제플린(Zeplin)은 구성원들이 브랜드에 대해 헌신적인 태도를 갖게 하기 위한 주요 요소로 3가지를 강조합니다. 바로, 내부 브랜드 커뮤니케이션. 브랜드 기반 HR(Human Resource)활동, 브랜드 기반 리더십입니다.

내부 브랜드 커뮤니케이션은 조직의 브랜드 가치와 정체성을 교육이나 세미나와 같은 방식으로 조직 내에서 공유하는 활동입니다. 내부고객인 구성원들에게 먼저 브랜드의 핵심가치를 공유하고 정서적인 연결고리를 만드는 것이죠. 이 활동의 일환으로 조직 내에서는 다양한 프로그램을 전개하게 되는데, 구성원들은 다음과 같은 반응을 보이기도 합니다.

'왜 갑자기 이런 프로그램을 진행하는거지?'

'중요한 건 알겠는데, 지금 하고 있는 일도 소화하기 어려울 지경

이라 추가적인 활동은 부담스럽다'

'내용은 좋지만 내부 사정을 생각해보면 조직이 말하는 진정성이

떨어진다'

'우리 조직(또는 리더)은 내 의견을 전달할 수 있는 분위기가 아닌데,

참여한다고 과연 의미가 있을까?'

내부 브랜드 커뮤니케이션은 분명 구성원들에게 브랜드에 대해 공통된 이해를 심어주고 자신의 역할을 인식시키기 위한 필수적인 과정입니다. 하지만, 브랜드의 철학과 가치와 상충되는 경험을 조직 안에서 겪게 된다면 구성원들은 위와 같이 냉소적인 반응을 보이고, 자발적인 태도를 보이기가 어렵겠죠.

다음으로 필요한 것은 '브랜드 기반 HR 활동'입니다. 조직 내에서 구성원이 해야 할 역할과 가치를 인식시킴으로써 업무에 대한 만족감을 얻게 하는 활동이죠. 여기서 중요한 것은 단지 구성원을 만족시키기 위한 보상이나 복리후생 차원

의 활동뿐만 아니라, 조직의 브랜드 아이덴티티를 구축하기 위한 모든 프로세스가 포함된다는 점입니다. 즉, 브랜드와 일치하는 가치를 가진 조직 구성원을 선발하고, 브랜드 가치에 맞게 그들을 교육하며, 브랜드에 부합하는 행동을 하는 구성원에게 적당한 인정과 보상을 합니다. 일상 업무에서 브랜드 철학이 요구하는 행동과 의사결정이 지속적으로 이어지도록 모든 제도와 환경을 설계하는 것이죠.

브랜드 가치를 기반으로 일관성 있는 HR 활동이 이어진다면 구성원들은 조직 안에서 하나의 중요한 메시지를 발견할 수 있고, 이에 따라 내부 브랜드 커뮤니케이션을 하기도 훨씬 수월해질 수 있습니다.

세 번째는 '브랜드 기반 리더십'입니다. 이는 구성원들에게 브랜드의 의미와 가치를 공유하고 스스로 역할 모델로서 브랜드의 철학과 가치를 행동으로 옮기는 것입니다. 다시 말해, 리더가 구성원들에게 브랜드의 표준과 가치를 실제 삶으로 보여주는 것입니다. 리더가 스스로 역할 모델이 됨으로써 브랜드의 의미와 가치를 지속적이고 반복적으로 전달해주는 것이죠.

리더십이 존재하지 않는 내부 커뮤니케이션은 구성원들에게 효과적으로 작동하기가 어렵습니다. 또한 브랜드가 지향하는 가치와는 다른 왜곡되고 모순된 리더십의 장면을 발견하게 된다면 구성원은 리더는 물론, 조직의 목적과 방향까지 의심하게 되겠지요. 따라서 브랜드 기반 리더십은 '진정성'의 문제와 관련이 깊습니다.

진정성 있는 브랜드는

내부 고객(구성원)이 느끼는 가치와

외부 고객(소비자)이 느끼는 가치가

서로 연결된 동질감을 지니고 있습니다.

겉과 속이 다르지 않은 것이죠.

진정성 있는 리더십도 이와 같습니다.

브랜드가 추구하는 가치가

실제 구성원의 일상의 모습에서 드러난다면

우리는 그 브랜드를 '진정성 있다'고 이야기할 수 있겠죠.

이런 의미에서 브랜드 진정성은

'고객이 기대하는 기업의 본질적 의무와

책임을 수행하는 것'이라고 할 수 있습니다.

지금까지 조직 구성원이 브랜드에 헌신적인 태도를 갖게 하기 위한 3가지 요소-내부 브랜드 커뮤니케이션, 브랜드 기반 HR 활동, 브랜드 기반 리더십-을 살펴보았는데요. 결국 이러한 내용은 '브랜드의 진정성을 위한 필요조건'이라고도 이야기할 수도 있겠습니다.

인간은 자신의 인격을 온전하게 완성할수록,
다시 말해 '자신을 잘 꿰뚫어볼수록' 더 강해진다.
"너 자신을 알라."
이것은 인간의 힘과 행복을 목표로 하는
기본 계명이다.

– 에리히 프롬(Erich Fromm)

INTERNAL × BRANDING

✕

진정성

조직 안에서 가치가 진정성 있게
작동하는 것은 어떤 모습인가

명시적 가치와
✕ 암묵적 가치

　　　　　본격적으로 이야기를 나누기에 앞서 여러
분들께 한 가지 질문을 드리겠습니다.

　만일, 여러분이 친한 친구의 일기장을 몰래 보게 되었는데,
그 일기장에서 나를 싫어한다는 내용이 있다면 어떻게 하시
겠습니까?

　저 역시도 만일 이런 상황이라면 굉장한 고민이 될 것 같은
데요. 그 친구에게 갑자기 나에 대한 솔직한 생각을 물어본다
면 일기장을 몰래 훔쳐 봤다는 것이 오히려 독이 될 것 같고,
그렇다고 해서 모른 척 하자니 그 친구와의 관계가 계속해서

신경이 쓰일 것 같습니다. 이 질문을 옆에 있는 동료나 친구, 혹은 가족에게 물어보고 서로 대화를 나누어보세요. 그러면 우리는 서로에 대해 다음과 같은 가치를 확인할 수 있을 겁니다.

먼저 자신의 부도덕한 행위를 인정하는 '진실성'을 확인할 수 있습니다. 진실성의 가치를 가장 중요하게 여기고 있는 사람은 분명 자신의 행위가 바람직하지 않았음을 인정하고 친구에게 용서를 구한다고 하겠지요. 그리고 친구 성향과 관계에 따른 해결방법을 이야기 나누면서 '사회성'을 확인할 수도 있고 '이타심'과 '배려심' 등 리더십 차원의 가치를 알아볼 수도 있습니다. 또한 타인과의 관계 개선에 필요한 '갈등해결'을 위한 가치를 확인할 수도 있겠지요.

이처럼, 우리는 특정한 상황에 대한 문제해결방식을 나누는 대화와 토론 안에서 기존에 보이지 않았던 가치들을 발견하고, 스스로 가지고 있었던 우선순위의 가치도 확인합니다. 대화의 과정 속에서 보이지 않는 것들을 보이는 것처럼 이야기하는 것이지요. 수면 아래 있어서 보이지 않았던 것들이 수면 위로 드러나는 것입니다.

행동과 의사결정에 필요한 지식을 보통 두 가지로 구분을 합니다. 첫 번째는 암묵적 지식(Tacit Knowledge)으로 '학습과 경험으로 개인이 가지고 있지만 겉으로 드러나지 않는 상태의 지식'을 말합니다. 암묵적 지식은 경험에 의해서 습득이 되고, 결국 오랜 습관이 되어 늘 해오던 대로 수행할 수 있게 도와줍니다. 이 지식은 개인 안에 깊숙이 자리잡고 있기 때문에 타인에게 표현되거나 특정한 형태로 전달되기가 어렵지요.

두 번째는 명시적 지식(Explicit Knowledge)입니다. '문서나 매뉴얼처럼 외부로 표출되어 여러 사람이 공유할 수 있는 지식'을 말합니다. 명시적 지식은 문자나 언어로 표현을 할 수 있고 일반적으로 문서 형식을 통해 사람들에게 공유됩니다.

명시적 지식은 생각을 많이 해야 하고, 암묵적 지식은 반복 학습을 해야 발달할 수 있다고 합니다. 예를 들어 영어를 공부한다면, 단어를 외우고 문법을 익히는 것은 명시적 지식을 학습하는 것이고, 계속적인 반복과 노출로 영어적인 표현이 몸에 체득되는 것은 암묵적 지식을 학습하는 것이지요. 한국인이 젓가락질을 하는 것은 암묵적 지식으로 자연스럽게 할 수 있지만, 외국인이 젓가락질을 하는 것은 명시적 지식을 통해 어렵게 배우죠. 이처럼, 명시적 지식을 통한 학습이 일관적이고 반복적으로 지속되면 암묵적 지식이 되어 자연스러운 수행이 됩니다. 즉, 명시적 지식은 '스러움'이고 암묵적 지식은 '다움'과 관련이 있습니다.

가치도 명시적 가치와 암묵적 가치로 구분할 수 있지 않을까요? 우리가 이미 내재화 하고 실천하고 있지만 눈에 보이지도 않고 주의 깊게 생각해본 적이 없어서 지키고 있었는지도 모르는 '암묵적 가치'와 이미 충분히 공유되고 논의도 되어 그것이 조직 안의 문서와 제도, 시스템으로 까지 반영 되어 있는 '명시적 가치'로 말이지요.

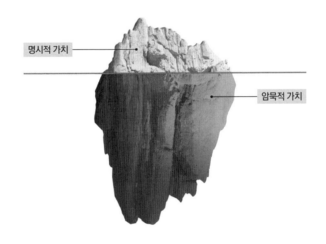

명시적 가치

암묵적 가치

그럼 이쯤 돼서 이런 의문이 드시는 분도 있을 겁니다.

인터널브랜딩 활동은 명시적 가치를
암묵적 가치로 만드는 활동인가?
아니면 암묵적 가치를
명시적 가치로 만드는 활동인가?

이 질문의 답을 찾기 위해 먼저, 암묵적 지식과 명시적 지식을 이야기 한 노나카 이쿠지로(Nonaka Ikujiro)교수의 지식창조 프로세스 SECI Model을 살펴보시죠.

노나카 교수가 주장하는 지식창조 프로세스는 사회화(Socialization) – 외부화(Externalization) – 종합화(Combination) – 내면화(Internalization)의 4단계로 구성되어 있습니다.

시작은 사회화입니다. 암묵적 지식에서 암묵적 지식으로 지식이 전달되는 단계입니다. 도제교육을 생각하면 쉽습니다. 장인 옆에서 노하우를 배우는 것처럼 개인 대 개인으로 지식이 공유됩니다. 일종의 과외 형식이지요.

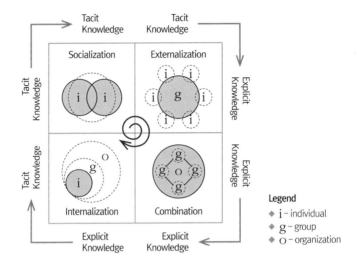

다음은 외부화입니다. 암묵적 지식이 명시적 지식으로 전달되는 단계입니다. 책이나 매뉴얼을 만들어서 공유하는 것처럼 개인에서 그룹으로 지식이 전달됩니다. SNS를 통해 자신의 경험을 글로 쓰고 노하우를 공유하는 것도 외부화의 과정으로 볼 수 있습니다.

그 다음은 종합화입니다. 명시적 지식에서 다시 명시적 지식으로 정리되는 단계입니다. 누군가가 만들어 놓은 매뉴얼을 다시 쉽고 보기 편하게 정리하여 새로운 매뉴얼을 만드는 과정입니다. SNS에서 누군가의 글을 스크랩하여 자신의 생각으로 재해석하고 재정의하였다면 바로 그것이 종합화의 과정입니다.

마지막은 내면화입니다. 명시적 지식에서 다시 암묵적 지식으로 정리되는 과정입니다. 잘 정리된 매뉴얼을 보고 열심히 자신의 것으로 만들기 위해 외우고 반복 연습하여 체득화 하는 과정입니다. 책을 통해 접한 지식이나 정보를 자신의 업무에 적용하며 공부하고 있다면 내면화의 과정을 거치고 있는 것입니다.

[사회화-외부화-종합화-내면화]라는 지식창조의 과정은 내면화로 끝나지 않고, 다시 내면화에서 사회화로 연결되어 끊임없는 순환 과정을 거치지요. 이에 따라 지식도 암묵적 지식에서 명시적 지식으로, 그리고 다시 암묵적 지식으로 끝없이 순환합니다.

가치도 이와 마찬가지입니다. 암묵적 가치가 어떠한 필요에 의해 명시적 가치로 전환 되기도 하고, 명시적 가치가 암묵적 가치로 전환되어 문화로 형성되기도 합니다. 그래서 가치

는 프로덕트가 아니라 프로세스 입니다. 인터널브랜딩 활동은
이러한 가치의 흐름을 조화롭게 연결하고 유기적으로 순환할
수 있도록 하는 일입니다.

실천 대상으로서의
✕ 핵심가치

스파르타쿠스(Spartacus)를 아시나요?

스파르타쿠스는 고대 로마 시대의 노예 검투사로 로마군에 대항하여 반란군을 이끌었습니다. 고대 로마에서 검투사 경기는 '국민 오락'이 될 정도로 유행이었다고 합니다. 자극적인 오락 거리를 찾는 부유층과 넘칠 만큼 많은 노예들로 검투사 경기는 정치가나 장군들이 자신의 인기를 높이기 위한 수단이 되었지요. 당시 검투사는 시합에 나가기 전 "나는 기꺼이 채찍으로 맞고, 불에 태워지고, 칼에 찔려 죽겠습니다."라고 맹세해야 했습니다. 본인의 생명도, 가족도, 미래도 보장되지 않은 그들에게 '자유'는 그 값을 따질 수 없을 만큼 매우 소중한 가치였겠지요.

스파르타쿠스는 70명의 동료들과 검투사 양성소에서 탈출하였고, 도망이 아닌 '전쟁'을 선택하며 검투사들뿐만 아니라 농장이나 광산의 노예들에게 합류를 권유하며 수만의 대병력을 이루었습니다. 그리고 그를 따르는 많은 사람들에게 인간의 존엄성과 평등, 그리고 자유의 가치를 외쳤다고 합니다.

스파르타쿠스의 군대는 정부에서 보낸 진압군을 수 차례 격파하며 승승장구 하였지만, 결국 BC 71년 크라수스의 군단에게 패배하고 죽음의 위기를 맞습니다. 이 때 로마의 병사가

진정성 조직 안에서 가치가 진정성 있게 작동하는 것은 어떤 모습인가

패배한 스파르타쿠스의 병사들에게 외칩니다.

너희들 중에 누가 스파르타쿠스냐?
누가 진짜 스파르타쿠스 인지 말한다면, 자비를 베풀어서
목숨을 아껴 너희들의 주인에게 돌려보내주겠다.

이때 한 작은 남자가 일어나 외칩니다.
"내가 스파르타쿠스다!(I'm Spartacus!)"
곧 이어 또 한 남자.
"내가 스파르타쿠스다!(I'm Spartacus!)"
다시 다른 남자.
"내가 스파르타쿠스다!(I'm Spartacus!)"
이윽고 온 산에 건장한 남자들의 목소리가 울려퍼집니다.

내가 스파르타쿠스다!(I'm Spartacus!)

이로 인해 로마군은 진짜 스파르타쿠스를 찾을 수 없었고,
결국 6천명이나 되는 노예군은 십자가 처형을 당하고 맙니다.

어떻게 이 노예군들은 자신의 목숨을 걸고 본인이 스파르타쿠스라고 주장할 수 있었을까요? 저는 이 장면이 조금 극단적이긴 하지만 핵심가치가 진정 강력하게 작동한 장면이라고 생각합니다. 1장에서 우리는 가치의 역할을 잠시 살펴보았습니다. 가치는 개인의 행동을 일관성 있게 만들고 중요한 순간에서 용기 있는 결정을 하도록 안내하는 역할을 한다고 했지요.

> 사람이 자신이 가지고 있는 가치가
> '신념'이 되면 '용기'가 생깁니다.
> 용기가 생기면 그 사람이 가지고 있는 가치는
> 더 이상 선전문구가 아니라 '실천'의 대상이 됩니다.

스파르타쿠스의 군대는 자신의 목숨을 부지하기 위해 노예로서의 '복종'과 '굴복'을 선택할 수도 있었지만 용기 있게 '자유'를 선택 한 것이지요. 자유가 최상의 가치라는 신념은 그들에게 목숨을 버릴 만큼의 '헌신'적인 행동을 하게 만들었습니다.

스티브 잡스는 핵심가치에 대해서 다음과 같이 이야기하였습니다.

비전과 핵심가치는 실천의 대상이고

조직 구성원 모두가 공유하는 조직문화이자 DNA가 돼야지,

홈페이지에 올리는 선전문구가 아니다.

✕

그의 말대로 핵심가치는 선전 문구가 아니라, 조직 구성원의 DNA가 되어야 합니다. 하지만 많은 조직에서 핵심가치는 푸드코트의 쇼윈도 안에 잘 담겨있는 먹기 좋아 보이는 음식처럼 실제와는 다른 이상으로만 여겨집니다. 아니, 어쩌면 핵심가치를 조직에서 오히려 지나치게 강요해서 핵심가치라고하면 이미 질려버린 음식 정도로 생각하는 경향도 있는 것 같습니다. 먹기 좋아 보이지만, 실제로 먹기에는 불편한 음식이랄까요? 그런데 사실은, 어떻게 하면 맛있게 잘 먹을 수 있는지 제대로 보여준 적이 없는 것 아닐까요?

저는 조직 안에서 핵심가치를 이야기 하기 전에, 먼저 공유된 가치(Shared Value)를 이야기해야 한다고 생각합니다. 공유된 가치는 '다움'을 이야기합니다. 이미 기존에 가지고 있는

문화, 습관, 규칙들에서 발견되는 '암묵적 가치'이지요. 삼성다움, 현대다움, 구글다움 처럼 조직이 대내외적으로 가지고 있는 브랜드 이미지라고도 볼 수 있습니다.

앞서 이야기를 나누었듯이 '다움'은 한 번에 정의되지 않습니다. 시간을 두고 차곡차곡 쌓여 특정한 이미지를 만들고, 이것이 자연스럽게 사람들로 하여금 '○○○답다'라고 이야기를 하게 만들지요. 조직 안에서 누가 절대 뭐라고 하지 않았는데, 이상하게 신경 쓰이고 지키게 되는 것들. 이러한 것이 있다면 '다움'이 있다고 볼 수 있습니다.

공유된 가치를 이야기하는 것은,

동떨어진 이상을 이야기하는 것이 아니라,

현재 구성원들이 일하는 가운데

맞닥뜨리고 있는 경험과 느낌을 공유하는 것입니다.

이를 통해 현재 조직 전반에 흐르고 있는

믿음과 신념을 확인하고,

그것이 어떻게 행동과 일의 결과로

연결이 되었는지를 발견하는 과정입니다.

진정성 조직 안에서 가치가 진정성 있게 작동하는 것은 어떤 모습인가 조직문화를 개선하고 싶다면, 그리고 우리 조직만의 독특한 조직문화를 발견하고 이를 지속성 있게 유지, 발전시키고 싶다면, 핵심가치를 먼저 강조할 것이 아니라 공유된 가치를 이야기하는 것이 우선이지 않을까 싶습니다.

순종과
헌신의 차이

　　새롭게 필요한 가치를 중심으로 조직이 변화되었을 때의 모습들을 잠시 머릿속에 떠올려보세요. 내가 원하던 진짜 이상적이고 바람직한 모습의 조직이 되었을 때의 모습들 말이지요. 어떤 장면들이 떠오르시나요? 누군가는 비전과 성장이 있는 조직을, 또 누군가는 배울만한 동료가 많은 조직을, 또는 남들이 부러워할 만한 조직을 꿈꾸며 각각의 모습들을 떠올리셨을 겁니다. 우리가 간절히 원하고 상상하는 좋은 조직이 되기 위해서 가장 필요한 것은 아마도 조직 구성원들의 참여와 헌신이 아닐까 싶습니다.

그런데 조직 안에 있는 사람들은 누구나 변화를 위해 헌신하고 있을까요? 각자 가지고 있는 꿈과 비전을 이루기 위해 모든 사람이 최선을 다하여 자신의 역할과 책임을 수행하고 있을까요?

안타깝게도 이 질문에 대해서는 쉽게 긍정의 답변을 얻기는 어려울 것 같습니다. 저를 비롯하여 여러분들이 현재 속해 있는 조직 안에서도 헌신의 태도를 보이는 사람도 있지만 그렇지 않은 사람들도 분명 존재할 테니까요.

조직의 학습능력을 강조한 피터 센게(Peter M. Senge)는 비전과 변화에 대한 구성원들의 태도를 크게 '헌신-참여-순종-불응-무관심'으로 구분하고, 특별히 '순종'을 다시 3가지 수준으로 구분하였습니다. 조직 안에서 보면 적은 수의 사람들이 양극단에 있는 헌신이나 무관심의 태도를 보이고, 대다수의 사람들은 '순종'의 태도를 보입니다. 피터 센게에 의하면 사람들은 진정한 헌신이 어떤 모습인지를 잘 모르는데 그 이유는 대다수 조직에서 오랜 시간 순종이 지배적인 분위기였으며, 순종의 모습에도 일부는 참여나 헌신과 유사한 행동이 발견되기 때문입니다.

먼저, 불응이나 마지못한 순종은 조직 안에서 쉽게 눈에 띕니다. 군이 부정적인 말을 입 밖으로 꺼내지 않아도 그들이 조직에서 진행되고 있는 프로젝트나 목표에 대해 어떻게 생각하고 있는지 주변에 있는 구성원들이 쉽게 알 수 있지요. 그들이 보여주는 매우 소극적인 동조의 태도는 '효과가 없다는 것을 증명하기 위함'입니다.

반면 형식적인 순종과 진정한 순종은 진정으로 도움이 되고자 노력하면서 프로젝트에 성실하게 동조합니다. 그들은 진정으로 프로젝트가 잘 되었으면 하는 마음으로 자신의 역할을 충실히 이행합니다. 특히 진정한 순종의 태도를 보이는 사람은 긍정적이고 낙관적이며, 솔선수범하고, 필요한 규칙도 잘 준수합니다. 이런 태도가 무슨 문제가 되냐고요? 아니요, 전혀 문제될 것이 없습니다. 오히려 조직 안에 반드시 필요한 구성원으로 칭찬 받아야 마땅합니다. 다만 제가 이야기하고 싶은 것은 진정한 순종의 태도와 헌신의 태도는 분명 큰 차이가 있다는 것입니다.

진정한 순종의 태도와 헌신의 태도는 어떤 차이가 있을까요? 피터 센게는 진정한 순종의 태도를 보이는 사람에 대해

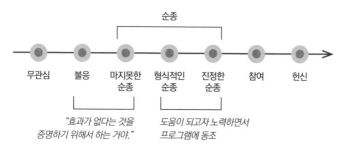

변화에 대한 여러가지 태도

순종

무관심　불응　마지못한　형식적인　진정한　참여　헌신
　　　　　　순종　　순종　　순종

"효과가 없다는 것을
증명하기 위해서 하는 거야."

도움이 되고자 노력하면서
프로그램에 동조

진정한 순종	헌신
성실하다 솔선수범한다 긍정적/낙관적이다 공식적/비공식적 규칙을 준수한다	게임을 책임진다 게임의 규칙에 따라서 움직이지 않는다 게임규칙이 비전달성에 방해가 되면, 규칙을 바꿀 방법을 어떻게든 찾아낸다

그들은 '스스로도 자신이 헌신적이라고 생각할 때가 종종 있다'고 말하였습니다. 다만 이때의 헌신은 '팀의 일원이 되기 위한 것'일 뿐이라며 다음과 같이 헌신의 태도와 그 특성을 구별하였습니다.

╳

헌신적인 사람은 게임의 규칙에 따라서 움직이지 않는다.

그는 게임을 책임진다.

만약 게임 규칙이 비전 달성에 방해가 된다면,

규칙을 바꿀 방법을 어떻게든 찾아낸다.

╳

순종은 비전(변화)을 받아들이고,

헌신은 비전(변화)을 만들어냅니다.

앞서 니체가 말한 인식의 부끄러움에 빗대어 설명하자면 헌신은 많은 제약과 한계를 극복하고 스스로 기회를 창출하여 본인이 추구하는 것이 조직의 가치와 철학이 되도록 하기 위해 끊임없이 시도하는 '인식의 성숙' 단계에서 보여지는 태도가 아닐까요? 결국 성숙의 문제입니다.

HOW의
╳ 질문을 바꿔라

제가 조직 안에서 가치를 공유하고 문화를 만들어가는 과정이 성숙의 문제와 긴밀하게 연결되어 있다고 주장하니, 어떤 분께서 이렇게 말씀하십니다.

사실 마냥 구성원들이나 조직이
성숙해지기를 기다릴 수는 없잖아요.
우리는 당장 뭔가 결과물을 내놓아야 하는 조직이라고요.
매뉴얼 같은 거 하나 만들어서
사람들이 규칙을 잘 지키게끔 할 수 밖에 없어요.

조직 안에서 핵심가치를 내재화하기 위한 방법(How To)으로 많은 조직들이 매뉴얼을 만들어서 구성원들에게 배포합니다. 핵심가치의 의미와 그 가치들을 잘 지키기 위한 몇 가지 행동규범들이 나와있고, 구체적인 상황을 예로 들어 올바른 행동규범을 가이드 합니다. 인사팀이나 교육팀에서 핵심가치 교육을 오프라인 과정으로 만들어서 전 직원을 대상으로 핵심가치의 의미와 올바른 행동규범에 대해 수 차례 교육을 진행합니다. 그리고 이제 온라인으로도 교육 과정을 만들어서 회사에 처음 들어온 신규입사자들도 필수로 수강하게 만듭니다. 어떤가요? 이정도 되면 모든 직원들이 핵심가치를 아주 잘 이해하고 일상 생활에서 적용할 수 있을까요? 아주 틀렸다고는 할 수 없지만, 만일 이 방법으로만 핵심가치가 제대로 공유되고 내재화 될 것이라고 기대한다면 매우 큰 오산입니다.

가치가 올바르게 조직에 내재화되고

실제로 지속적으로 조직에서 작동되도록 하려면,

How에 대한 질문이 재정의 되어야 합니다.

바로 '어떻게 핵심가치를 지키게 할 것인가'라는 질문에서

'어떻게 (구성원들의) 헌신을 이끌어 낼 것인가'라는

질문으로 말이지요.

How에 대한 질문을 핵심가치의 각 행동들을 지키고 적용하는 방법에 대한 질문으로만 가져간다면, 결국 관리와 통제의 문제로 귀결될 수 밖에 없습니다. 각 상황마다 핵심가치를 잘 지키는 것이 무엇인지 규정하고 답을 내려야 한다면 100가지 상황에 대해서 100가지의 답이 나와야 하는 것이지요. 이런 사고를 '사건 중심 사고'라고 합니다. 특정한 사건 또는 환경에 대해 그때 마다 대응하는 방식입니다. 매번 다른 수많은 상황에 대응하기 위해 관리와 통제의 방식이 뒤따라 오고 이는 구성원들로부터 불응이나 마지못한 순종의 태도를 불러 일으킵니다. 결국, 구성원들은 핵심가치를 자신들을 통제하기 위한 도구로 생각하거나 그저 보기 좋은 선전문구로만 여기고 말죠.

중요한 것은 눈에 보이지 않는 핵심가치, 평소에 선전문구로만 그쳤던 핵심가치, 너무나 흔하고 당연한 단어로 치부되었던 핵심가치가 '각 개인과 도대체 무슨 관련이 있는지'를 알

려주는 것이 중요합니다. 그리고 가치와 믿음이라는 것이 실제로 조직의 일상에서 여전히 작동하고 있다는 사실을 알려주는 것이 핵심이지요. 이를 위해서는 말씀드린대로 How의 질문을 '어떻게 핵심가치를 지킬 것인가'가 아니라 '어떻게 헌신을 이끌어 낼 것인가'의 문제로 전환시켜야 합니다.

> **조직 생활과 의사결정 장면에서**
> **구성원들이 지속적으로 핵심가치를 고민하는 것은**
> **핵심가치를 '실천'의 문제로 여겼을 때만 가능합니다.**

이 책의 앞장에서 가치에 대해 이야기 했을 때 가치는 허용이 되는 것과 되지 않는 것의 기준이 된다고 했지요? 어느 조직에서 허용이 되는 것과 되지 않는 것을 어떻게 정하나요? 물론 오너십(Ownership)이 강한 조직은 대표가 마음대로 정하고 구성원들에게 강제적으로 따르라고 명령할 수도 있겠지만 구성원들이 자발적으로 기준을 지키기 위해서는 그 기준을 만드는 데에 스스로 참여하는 과정이 필요합니다. 이해와 동의, 그리고 수용의 과정이 필요한 것이지요. 일상의 다양한 장면에서 구성원들이 지속적으로 논의하며 이해-동의-수용의 과정을 거치고 그 기준은 점점 선명해지며 구체화됩니다. 계속해서 시도하고 실천하며 이야기하고 토론하며 다시 돌아보는 과정을 되풀이 하여 '다움'을 발견해 나가는 것이지요. 이런 의미에서 가치는 프로덕트가 아니라 '프로세스'라고 했습니다.

핵심가치를 '실천'의 문제로 여긴다는 것은

이런 프로세스에 기꺼이 참여하고 헌신하는 것입니다.

즉, 조직의 정체성(Identity)을 발견하고

만들어나가는 일에 책임을 다하는 것입니다.

가치지향적인
✕ 조직의 모습

조직에서 이러한 과정이 지속적으로 반복 되면 '가치지향적'인 문화가 만들어집니다. 조직이 '가치지향 적'이라고 하는 것은 어떤 의미일까요? 자동차 변속기를 예로 들어 설명해보겠습니다.

여러분들 중에 1종 보통 운전면허를 취득하신 분들은 아마 수동 변속기(Manual)가 달려있는 1톤 트럭을 운전해보셨을 겁 니다. 수동 변속기로 차를 운전해 보신 분들은 아시겠지만 생 각보다 상당히 운영이 복잡합니다. 먼저, 차의 속도가 올라가 는 각 구간 타이밍에 맞추어 그때마다 잘 변속을 해주어야 합니다. 그렇지 않으면 엔진에서 굉장히 큰 소음이 나지요. 오르막길과 내리막길, 그리고 도로 사정에 따라서도 잘 변속을 해주어야 부드럽게 차가 주행할 수 있습니다. 브레이크와 엑셀러레이터 말고도 클러치라는 페달이 하나 더 있기 때문에 발도 훨씬 바쁘게 움직여야 합니다.

수동 변속기 차량에 비하면 요새 대부분의 사람들이 운전하고 있는 자동 변속기(Auto) 차량은 상대적으로 운영이 간단합니다. P, R, N, D 등 다양한 모드가 있기는 하지만 주행할 때는 D에다가만 위치 시키면 따로 변속할 일이 없습니다. 오르막길과 내리막길을 주행할 때도 별도로 변화를 줄 필요가 없이 이미 자체적으로 내장되어 있는 시스템에 의해 차량이 알아서 자연스럽게 변속이 됩니다.

수동 변속기 차량이 각 도로 사정과 상황에 따라 운전자 개인이 그때 마다 판단을 내려야 한다면, 자동 변속기 차량은 이미 내재화 되어 있는 '다움'이 자동으로 판단을 해줍니다.

가치지향적인 조직은 수동 변속기 차량 보다는 자동 변속기 차량처럼 주행합니다. 각 상황에 대응하여 운전자가 사건 중심적으로 사고하고 판단할 필요 없이 기존에 내재되어 있는 기능을 활용해 간단하게 운영할 수 있습니다. 신기하게도 수동 변속기를 뜻하는 영문명은 Manual(매뉴얼)입니다. 수동 변속기와 같은 조직이 평소에 규정과 매뉴얼을 강조하는 것은 우연이 아닌가 봅니다.

조직에 가치가 제대로 공유되고 내재화되면
자동 변속기 차량에서 한걸음 더 나아가
'자율주행(Automatic Driving)'이 가능합니다.

자율주행 차량에서는 운전자가 책을 보고 TV를 보며 자유롭게 다른 활동을 할 수 있습니다. 운전자가 특별히 주행 중에

회사가 가치지향적 이다

수동 변속기 (Manual)	자동 변속기 (Auto)
복잡한 운영 상황대응/조작에 의한 변화 각 운전자(사람) 개인의 판단	간단한 운영 자연스러운 변화 이미 내재화되어 있는 '다움'에 의한 판단

자율주행 Automatic Driving

특별한 명령과 지시, 통제가 없어도
알아서 자동으로 잘 돌아가는 **자율주행의 조직**
게임의 룰을 만들면 됩니다!

신경을 쓰지 않아도 기존에 탑재되어 있는 시스템에 의해 목적지까지 안전하게 주행이 가능한 것이지요. 운전자가 핸들을 잡는다거나 백미러를 본다거나 차선을 변경할 필요도 없습니다. 가치지향적인 조직은 자율주행 차량과 같습니다. 특별한 명령과 지시, 통제가 없어도 알아서 자동으로 운영됩니다. 바로 그것이 자율주행 차량의 룰(Rule, 규칙)이기 때문입니다.

조직 내에서 가치는 게임의 룰과 같습니다. 평창 올림픽의 여자 팀추월 경기에서처럼, 수입차 리콜사태 처럼 특정 사람이나 상황이 사람들이 일반적으로 기대하는 가치(Rule, 룰)를 벗어나면 사람들에게 논란의 대상이 됩니다. 모든 게임에 게임을 작동시키는 원리가 있는 것처럼 이 세상에 살아가는 사람들과 다양한 사건에도 원리가 적용됩니다. 가치는 게임의 작동 원리입니다.

따라서,

조직 내에서 허용되는 게임의 룰이

잘 공유되고 내재화가 되면,

구성원 각 개인은 주체적인 판단이 가능해집니다.

게임의 룰을 알기 때문에

특정 상황에서의 행동과 판단이 가능해집니다.

이것이 바로 앞서 이야기한 조직 안에서의 '자유'입니다.

마음대로 하는 것이 아닌, 약속된 범주 안에서

자신이 스스로 자신의 행동을 선택하고

결정할 수 있는 것입니다.

인터널브랜딩 담당자는 조직을 자율주행 차량을 운영한다고 생각하면 어떨까요? 조직의 방향과 목적지는 구성원 각 개인들에게 제대로 인식시키되 정해진 게임의 룰 안에서의 운영 방식은 스스로가 선택할 수 있게 하는 겁니다. 그리고 고속도로 중간에 휴게소도 있고, 속도를 감지하는 카메라도 있는 것처럼 구성원들이 지금 올바른 방향으로 가고 있는지, 혹시나 속도가 너무 느리거나 너무 빠르게 가고 있는 것은 아닌지, 앞으로 고속도로에 어떤 사건들이 발생할 수 있는지 등을 수시로 알려주는 것이지요.

헌신의 태도와
✕ 전문성

　　올림픽에서 100m 달리기 종목이나, 수영 종목에서는 가끔 휘슬이 울리기 전 부정출발을 하는 선수들이 목격될 때가 있습니다. 짧으면 10초, 길어도 수 분 밖에 되지 않는 시간에 그 동안의 노력의 결실이 드러나는 경기인 만큼 올림픽 경기에 출전하는 선수들의 긴장감은 감히 상상이 되지가 않습니다. 올림픽 경기에 출전하는 선수들처럼, 게임의 룰을 아는 선수들은 부정출발을 하지 않거나 부정출발을 했다고 하더라도 주의 사항을 수용합니다. 그런데 그 보다 더 훌륭한 선수들, 즉 '헌신'적인 태도를 가지고 있는 선수들은 어떤 특성을 가지고 있을까요?

딕 포스버리(Richard Douglas Dick Fosbury)라는 높이뛰기 선수가 있습니다. 1968년 멕시코 올림픽에서 배면뛰기 기술을 처음 선보이며 높이뛰기 종목에서 혁명을 일으킨 인물입니다. 이전에 높이뛰기에서는 선수가 막대기를 향하여 달려 얼굴을 앞으로 해서 뛰어넘을 동안에 다리를 똑바로 뻗는 일명 '가위 뛰기' 방식이 일반적이었다고 합니다. 하지만 포스버리는 막대기를 뒤로 넘어 머리를 먼저 내보내고 자신의 몸을 굽히면서 마지막에 다리를 공중에 차올리는 획기적인 방식으로 자신의 기록을 만들어나갔습니다. 그가 시도한 높이뛰기 방식

더 훌륭한 선수는
즉, 헌신적인 태도를 가지고 있는 선수는

정해진 룰 안에서
전략의 규칙/방식을 바꿉니다.

은 '포스버리 플롭(Fosbury Flop)'이라는 이름으로 전파되어 오늘날 거의 모든 선수들이 사용하는 인기 있는 기술이 되었습니다.

딕 포스버리처럼 헌신적인 태도를 가지고 있는 선수들은 정해진 룰 안에서 전략과 문제해결의 방식을 바꿉니다.

> 수많은 경험과 시도 속에서
>
> 자신의 제약과 한계를 경험하고
>
> 이를 극복하기 위해 또 다른 대안을 탐색하며
>
> 새로운 문제해결의 방법을 제시하는 사람을
>
> 우리는 '전문가'라고 부릅니다.

헌신적인 태도를 갖춘 사람들을 모두 전문가라고 볼 수는 없지만, 순종이나 불응의 태도를 보이는 사람들 보다는 전문가가 될 수 있는 가능성이 조금은 더 높을 것 같습니다.

조직 내에서 올바르게 가치가 내재화되고 제대로 작동되도록 하는 것이 '어떻게 구성원들의 헌신을 이끌어 낼 것인가'에 대한 문제라면 인터널브랜딩 활동의 주요 목적은 구성원들의 '헌신'을 이끌어 내는 것이 됩니다.

> 그리고 헌신이
> 인식의 성숙 단계에서 보여지는 태도라고 한다면
> 인터널브랜딩 활동의 방향 역시 '성숙' 입니다.

조직이 성숙의 과정을 거치면서 그 동안과는 다른 문제해결의 관점과 새로운 대안을 제시하는 역량이 중요해집니다. 이 때문에 조직에서는 많은 예산을 들여 다양한 교육 프로그램들을 진행하여 구성원들의 전문성을 높이고자 하는 것이지요. 즉, 개인의 역량이 증가하면 그것이 조직의 역량으로 이어지고, 곧 성과를 낼 수 있는 조직의 파워가 증대될 것이라고 믿기 때문입니다.

그렇다면 '전문성'을 높인다는 것은 어떤 의미일까요? 구성원들에게 많은 지식과 정보, 스킬을 전달해주면 전문성을 높일 수 있을까요? 그리고 조금 철학적인 질문일지 모르지만 '전문성이 있다'라고 말할 수 있는 상태는 구체적으로 어떤 상태일까요?

위의 질문에 대해서 한번 생각해보시고 다음 장으로 넘어가보도록 하겠습니다. 앞에서 여러 번 '자유'를 언급했었는데, 결론부터 말하면 전문성도 실은 '자유'와 밀접한 연관이 있습니다. 아직 한번에 와 닿지 않으신다구요? 그러면 제가 가지고 있는 전문성에 대한 철학을 지금부터 여러분들에게 풀어놓도록 하겠습니다.

╳ 브랜드 헌신과 조직 몰입

인터널브랜딩의 핵심은 내부 고객인 구성원들이 브랜드의 철학과 가치를 이해와 동의의 차원을 넘어 수용하고 내재화하여 일상에서의 실천으로 이끌어내는 데에 있습니다. 내부 구성원들의 자발적인 참여와 헌신을 이끌어내는 내는 것입니다. 이것이 바로 인터널브랜딩 커뮤니케이션의 목표이죠.

한편, 브랜드 헌신은 '브랜드에 대한 구성원들의 심리적 애착'을 뜻합니다. 브랜드를 좋아하는 것을 넘어 브랜드와 긴밀한 정서적 유대관계가 형성되는 것이죠. 브랜드 헌신은 브랜드 아이덴티티 준수(Compliance), 동일시(Identification), 내재화(Internalization)로 구분됩니다.

먼저, 브랜드 아이덴티티 준수는 브랜드 아이덴티티와 일관성을 이루기 위한 특정행동을 의미합니다. '우리 브랜드는 ○○○한 철학을 가지고 있으니 ○○○하게 행동해야 해.'라는 규범에 따른 행동이죠. 조직 내에서 이러한 행동은 평가와 보상 시스템과 연결이 되어 있습니다. 잘하는 사람에게는 보상을, 못하거나 제대로 수행하지 않는 사람에게는 처벌을 내리는 것이죠. 준수는 성과와 보상시스템, 조직구조에 의해 운영되기에 구성원들이 따르기는 하지만 자발적이고 능동적인 참여를 기대하기는 어렵습니다. 실제로, 준수를 기반으로 한 구성원의 참여가 지시된 역할 이상의 행동을 유도하기는 어렵다는 연구결과도 있습니다.

동일시는 개인이 브랜드와 자신이 하나라고 느끼는 것입니다. 브랜드의 명성이 자신의 명성이며, 브랜드의 성공과 실패를 자신의 공동운명으로 받아들이며 동일하게 인식하는 것이지요. 구성원들이 브랜드와 동일시를 하고 있다면 조직에 소속감과 일체감을 가지게 되고, 나아가 조직 성과에도 긍정적인 영향을 미칩니다. 실제로 많은 연구에서 브랜드 동일시가 미치는 영향으로 브랜드 인지도와 연상, 브랜드

충성도와 같은 브랜드 자산이 높아진다고 하였습니다.

내재화를 이야기하기 위해서는 먼저 '자아개념'을 이해해야 합니다. 자아개념은 자신에 대해 갖고 있는 모든 개인의 생각이나 감정을 이야기합니다. 개인이 자신에 대해 어떻게 생각하는지, 타인은 자신을 어떻게 생각하는지, 그리고 타인의 평가에 대해 자신이 어떻게 반응하는지에 따라 오랜 시간에 걸쳐 변화하지요. 최근에 만나고 있는 사람, 읽고 있는 책, 취미, 의미 있는 경험과 같은 다양한 상황과 환경이 생각과 감정에 영향을 주기도 합니다. 따라서 내재화는 지속적으로 끊임없이 일어나는 상호교류의 과정이라고 할 수 있습니다.

내재화의 과정을 통해 우리는 특정한 '원칙과 가치'를 학습합니다. 인생을 살아가며 터득하게 된 원칙과 가치들이 나의 자아개념을 이루고, 당시에 만들어진 자아개념을 바탕으로 우리는 특정한 시점에서 선택을 하고 의사결정을 하지요. 만일 이후에 똑같은 상황에서 다른 선택을 하게 되었다면 그것은 그때까지 새로운 내재화의 과정을 통해 이전에 가지고 있는 자아개념을 수정하여 조금 더 새로운 자아개념을 갖게 되었기 때문일 겁니다. 브랜드 아이덴티티 내재화는 개인이 브랜드의 철학과 가치를 개인의 자아개념으로 받아들이는 것입니다. 그래서 브랜드의 이념이 개인의 삶에서도 원칙과 가치로 작동하여 판단과 선택의 기준이 됩니다. 동일시가 브랜드에 대한 개인의 친밀감과 의무감을 나타낸다면 내재화는 브랜드와 자신의 존재, 즉 자아와의 연결을 나타냅니다.

브랜드 헌신의 세 가지 수준과 비슷한 개념으로 조직 몰입의 세 가지 수준도 있답니다. 구성원들이 조직에 머무는 이유를 설명하는데 매우 용이한 개념이죠. 인터널브랜딩이 조직 안에 있는 구성원들을 대상으로 하는 만큼 이 개념도 함께 살펴보면 좋겠습니다. 인터널브랜딩의 성공 요인 중 하나가 '브랜드 기반의 리더십'이라는 것도 잊지 마시고요.

조직 몰입의 첫 번째는 '지속적 몰입(Continuance Commitment)'입니다. 이 유형의 사람들은 '필요하기 때문에' 조직에 남고자 하는 태도를 가지고 있습니다. 조직을 떠났을 때의 대안이 현실적으로 득보다 실이 많기 때문에 계속해서 조직에 남고자 하는 것이죠. 따라서 이들은 조직과 일종의 거래관계를 형성하고 있고, 급여와 승진, 보너스와 같은 실질적인 혜택에 가장 우선순위의 관심을 보입니다. 만일 이런 구성원들이 조직 내에 다수를 차지하고 있다면 조직은 끊임없이 매력적인 보상책을 고민해야 할 것입니다. 하지만 현실적으로 자원은 한정되어 있기에 지속적 몰입을 하고 있는 구성원들을 헌신의 상태로 유도하기는 어렵겠지요.

두 번째는 '정서적 몰입(Affective Commitment)'입니다. 이 유형의 사람들은 '좋아하기 때문에' 조직에 잔류하는 사람들이죠. 조직이 주는 보상뿐만 아니라 동료와 상사와의 관계, 긍정적인 네트워크, 의사소통의 원활함, 따뜻한 분위기와 일체감 등을 통해 얻어집니다. 이러한 것들을 통해 이들은 만족스러운 경험을 반복해서 쌓게 되고 조직과 긍정적인 유대감을 형성하게 되죠. 따라서 지속적 몰입의 태도를 보이는 구성원들보다 더 조직에 헌신하는 태도를 보일 가능성이 큽니다.

세 번째는 '도덕적 몰입(Moral Commitment)'입니다. 이 유형의 사람들은 '옳다고 생각하기 때문에' 조직에 남아있고 싶어하죠. 조직이 가지고 있는 철학과 가치에 동의하고 이를 내재화하여 관련된 책임을 충실히 수행해야 한다는 사명감과 의무를 가지고 있습니다. 이들은 스스로 동기부여가 되어있고 자신의 역할이 조직의 목적 달성에 어떻게 영향을 미칠 수 있는지를 고민합니다. 실제로 많은 성공한 기업은 이와 같은 구성원들의 몰입과 헌신이 전제되어 있습니다.

우리가 새로운 조직을 선택하는 과정을 생각해보면 처음에는 '지속적 몰입'의 수준으로 생각을 하게 됩니다. 경쟁력 있는 급여를 제공해줄 수 있는지, 조직은 안정적인지를 고민하게 되죠. 그렇게 조직을 선택해서 새로운 환경에서 일을 하다 보면 '정서적 몰입'의 요소들을 고민하게 됩니다. 동료와의 관계, 팀 분위기, 협업에서의 의사소통 등은 우리가 조직을 처음 선택하는 과정에서 잘 생각하지 않았던 새로운 고민의 내용들이죠. 시간이 흘러 조직에서 역할과 책임이 확대될수록 우리는 '진정성'의 문제를 고민하게 됩니다. 바로 이 진정성의 문제가 '도덕적 몰입' 수준에서의 고민이죠.

조직이 추구하는 가치와 나의 가치를 비교하고, 우리 조직이 추구하는 가치와 사명에 따라 올바른 의사결정이 나오고 있는지도 생각합니다. 만일 이 부분에서 동의와 수용이 이루어지지 않으면 계속해서 도덕적 몰입의 수준을 유지하기가 어려워지죠.

앞서 브랜드 기반의 리더십이 '진정성'의 문제와 관련이 깊다고 했었는데, 도덕적 몰입을 추구하고자 하는 리더십도 마찬가지입니다.

가치와 사명이 실제 업무와 일상으로 연결되고,
이것이 조직 안에서 공개적으로 인정되는 경험을
어느 한 개인이 반복적으로 체험할 수 있다면
우리는 '사람이 곧 브랜드'가 되는
특별한 경험을 할 수 있습니다.

조직이나 나라가 쇠퇴의 조짐을 보일 때는 구성원들이 참여자가 아닌 비판자나 관찰자로 행세할 때라고 합니다. 스스로 헌신하고 있다는 착각을 하면서 그저 기계적으로 존재하는 구성원들이 늘어나죠. 스스로 생각하고 고민하며 지속적인 실천으로 새로운 가치를 만들어가는 '영혼이 살아있는' 개인과 조직을 위해서는 무엇이 필요할지 깊이 있게 생각해봐야 하겠습니다. 그리고 이러한 변화를 위해 나는 지금 당장 어떤 실천을 할 수 있을지도 함께 생각해보면 어떨까요?

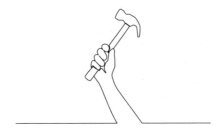

규율이라는 형식에서
언어가 도덕적 평가와 의사결정의 도구가 되면
규율이 언급하는 상황에만 생각이 고정된다.
가진 게 망치 하나면
다른 모든 사물이 못으로 보이는 식이다.

– 베리 슈워츠(Barry Schwartz)・케니스 샤프(Kenneth Sharpe)

INTERNAL × BRANDING

이야기
셋

✕

전문성

인터널브랜딩 활동 과정에서
필요한 전문성은 무엇인가

인터널브랜딩 담당자에게 필요한
전문성

조직 내 구성원들의 전문성에 대해 논의하기 전에 먼저 인터널브랜딩 담당자에게 필요한 전문성을 이야기해보겠습니다.

조직 안에서 구성원들에게 목적과 가치를 커뮤니케이션 하는 인터널브랜딩 담당자로서 제가 지금까지 줄곧 한 일은 결국, 하나의 목적을 위한 프로젝트를 기획하고 운영하는 일입니다. 프로젝트를 진행한다는 의미는 일의 목적과 방향성을 파악하고 정해진 자원과 예산안에서 이해관계자들과 일의 목적과 가치를 공유하며 정해진 기한 안에 원하는 결과물이나 성과를 만들어내는 과정을 뜻하지요.

　프로젝트의 역할과 책임은 조직의 규정에 의해서가 아니라 프로젝트에 참여하는 이해관계자와의 협의를 통해 도출되고, 각각의 프로젝트에 따라 개인의 역할과 책임의 범위 역시 달라집니다. 리더의 자율과 권한 조정에 따라 능동적이고 책임의식이 높은 담당자들, 즉 헌신의 태도를 보이는 담당자들은 프로젝트의 운영뿐만 아니라 예산 통제와 계약 관계 진행, 프로젝트 참여자들의 이해관계 조정까지 다양한 역할을 수행하면서, 회사 안에서 마치 작은 사업을 운영하는 것처럼 일을 경험하고는 하지요.

　생각해보면, 업종 불문하고 많은 기업과 기관, 학교, 단체 등 대다수 조직에서의 일들이 실은 프로젝트 단위로 운영되고 있습니다. 조직 내의 많은 갈등도 프로젝트가 진행되면서 이해관계자들간의 의견불일치나 업무 관계에서 오는 오해에서 비롯됩니다. 특히, 입사한 지 얼마 되지 않은 주니어 직원들이 프로젝트의 관리자 역할을 할 경우에는 의도치 않은 불필요한 시행착오들이 일어나곤 합니다. 요즘 기업에서 신입사원 채용 시 많이 이야기하는 '직무역량'이라는 것도 구체적으로 따져보면 결국 프로젝트를 리딩하고 운영할 줄 아는 능력이라고 이야기해도 과언이 아닙니다.

회사의 사업과 관련된 큰 단위의 프로젝트도 있지만, '팀장님께 의사결정을 받기 위한 보고서 쓰기'라던지, 심지어 '회사에 손님이 오셨을 때 차 내어오기'도 개인 차원에서 보면 중요할 수 있는 프로젝트 아닐까요? 회사에 손님이 왔을 때 차를 내 오는 데에는 많은 고려 요소들이 존재합니다. 일단, 손님이 몇 명이 오셨느냐, 어디에서 손님이 오셨느냐, 손님의 국적은 어디냐, 하루 중 언제 손님이 오셨느냐 계절이나 그날의 날씨 등등, 프로젝트를 어떻게 정의하느냐에 따라 담당자가 아주 센스 있는 직원이 되기도 하고, 눈치 없는 직원이 되기도 합니다.

생각해보면 프로젝트에 대한 접근 방식은

지금 내가 해결해야 하는 문제를

'어떻게 정의하느냐'에 따라

그 접근 방식이 다르게 설정됩니다.

우리가 일상적으로 많이 이야기 하는 '문제해결력'은

실은 '문제정의력'이라는 표현이 더 정확할지 모릅니다.

문제를 제대로 정의하기 위해서는 현상에서 본질을 발견할 수 있는 '통찰력'과 발견된 문제를 자신의 언어로 재구성하고 타인에게 전달할 수 있는 '자기표현능력'이 필요하지요.

인터널브랜딩이 내부의 구성원을 대상으로 성과를 만들어 가며 그 성과를 조직의 파워로 연결하여 시너지를 만들어내는 일이라면 인터널브랜딩 담당자에게는 다양한 프로젝트를 원활히 수행할 수 있는 프로젝트 수행능력이 필수적입니다. 프로젝트는 '문제해결의 과정'입니다. 개인 또는 조직이 느끼는 문제를 해결해야 할 과제로 재정의하는 것에서 프로젝트는 시작합니다. 따라서, 현상에서 제대로 문제를 발견하여 정의하고 이를 다시 재구성하여 구성원들에게 솔루션을 제시하는 역할 수행을 위해서 인터널브랜딩 담당자에게는 예리한 '문제정의력'이 있어야 합니다.

인터널브랜딩 담당자에게 필요한
능력

조직에서 구성원들과 끊임없이 커뮤니케이션하는 인터널브랜딩 담당자에게 가장 필요한 역량은 무엇보다 '커뮤니케이션' 역량이 아닌가, 라고 생각하시는 분들이 계실지 모르겠습니다. 무엇보다 말을 잘해야 한다는 것이지요. 물론 맞습니다. 구성원들과 계속해서 가치를 논의하고 조직의 믿음을 확인하며 정체성을 만들어나가는 인터널브랜딩 담당자에게 말 잘하는 능력은 정말 중요하지요.

그럼 말은 어떻게 하면 잘할 수 있을까요? 직장인 뿐만 아니라 커뮤니케이션 교육에 한번이라도 참여해본 경험이 있는 사람이라면 '경청'과 '공감의 중요성은 이미 수도 없이 들었을 것입니다. 말을 잘하기 위해서는 잘 듣고(경청), 상대방의 입장에서 이해해주는(공감) 것이 중요하다는 것은 누구나 아는 사실이지요.

그런데 경청과 공감은 우리가 이미 너무나 잘 알고 있지만, 사실 훈련이 어려운 부분입니다. 경청과 공감을 훈련하기 위해서는 부단한 노력과 연습이 축적된 시간이 필요합니다. 어쩌면 경청과 공감은 지금까지 살아온 방식과 습관에 깊이 있게 연관된 '태도'로 교육으로 학습될 수 있는 영역이 아닐지도 모르겠습니다. 그래서 저는 경청과 공감보다 상대적으로 쉬운 방법으로 '관통논자'를 제안합니다. '관찰, 통찰, 논리, 자기표

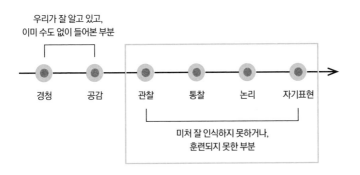

현'의 앞 글자를 따서 만든 말이지요.

관통논자는 말을 잘하기 위한 능력으로써 우리가 평소에 쉽게 손꼽지 않는 영역입니다. '말을 잘하기 위해 관찰이 필요하다?', '말을 잘하기 위해 통찰이 필요하다?'(논리는 어느 정도 이해가 되실 것 같습니다), '말을 잘하기 위해 자기표현이 중요하다?', 한번에 쉽게 이해가 되지 않습니다. 하지만 관통논자는 그 동안 말을 잘하기 위한 능력으로 우리에게 미처 잘 인식되지 못했을 뿐 훈련 가능한 영역입니다. 적어도 경청과 공감보다는 훈련을 통해 상대적으로 쉽게 일정 수준 이상의 역량과 전문성을 갖출 수 있습니다.

관통논자는 서로 연결되어 있습니다. 결론적으로, 자기표현을 잘 할 수 있으려면 논리적으로 구성할 줄 알아야 하고, 논리적인 구성이 가능하려면 예리한 통찰이 있어야 합니다. 그리고 예리한 통찰을 위해서는 현상에 대한 날카로운 관찰이 필수적입니다. 즉, 제대로 된 '관찰'을 하지 못하면 말을 잘하기는 어렵다는 것이 제 이야기의 핵심입니다.

관찰을 한다는 것은 무엇일까요? 관찰을 한다는 것은 대화에서의 '프레임'을 발견해내는 것을 의미합니다. 프레임과 비

숫한 뜻의 다른 말로는 환경, 맥락, 관점, 기준, 가정 등이 있습니다. 상대방의 말 속에 담긴 보이지 않는 가정, 질문 이면의 보이지 않는 전제, 현상 안에 담겨 있어 보이지 않는 맥락을 발견해냅니다. 암묵적 지식과 가치를 명시적 지식과 가치로 드러내는 것이기도 합니다. 쉽게 보이지 않는 프레임들을 발견해내는 날카로운 관찰은 제대로 된 문제를 정의할 수 있는 통찰로 이어집니다.

세상의 다양한 현상들에 대한 문제는 크게 두 가지로 구분될 수 있습니다. '잘 구조화 된 문제'와 '잘 구조화 되지 않은 문제'로 말이지요. 예를 들어 '화씨 50도는 섭씨로 몇 도 인가?'라는 문제는 잘 구조화된 문제 입니다. 답이 명확하지요. 정해

잘 구조화된 문제	잘 구조화되지 않은 문제
	영국은 EU에서 탈퇴해야 하는가?
	조직 내 대부분의 문제들
화씨 50도는 섭씨로 몇 도인가?	오픈 커뮤니케이션 문화는 어떻게 구축할 수 있는가? 이 제품을 저 고객사에 납품해야 할 것인가?

전문성 인터널브랜딩 활동 과정에서 필요한 전문성은 무엇인가

진 답에 대해 어느 누구도 이의를 제기할 수 없습니다. 반면 잘 구조화 되지 않은 문제들은 '가치 판단'이 필요합니다. '영국은 EU에서 탈퇴해야 하는가?'와 같은 문제처럼 말이지요.

많은 조직에서 맞닥뜨리는 대부분의 문제들은 잘 구조화 되지 않은 문제들 입니다. '오픈 커뮤니케이션 문화는 어떻게 구축할 수 있는가?' 라던가, '이 제품을 저 고객사에 납품해야 할 것인가?'와 같은 문제들입니다. 소위 정답이 아닌 '현답'을 구해야 한다는 점이 조직 내 대부분의 문제들이 가지는 성격 입니다. 따라서 현상을 어떻게 정의하고, 이에 맞는 솔루션(현답)을 어떻게 제시하느냐가 매우 중요합니다. 솔루션을 제시 하기 위해서는 이 문제를 나름의 관점으로 재정의하는 과정 이 필요합니다. 즉, 내 나름의 프레임을 입히는 작업(리프레이밍 : Reframing)을 거쳐야 하지요.

프레임을 발견하는 작업이 '관찰'이라면
다시 나만의 프레임을 입히는 작업이 '통찰'입니다.
제대로 문제를 정의하고 해석하는 리프레이밍,
즉 통찰의 과정만이 '자신의 언어'로 말을 만들고

논리적으로 구성하기 위한 토대가 됩니다.

　개인적으로 이 세상에 처음부터 말을 못하는 사람으로 태어나는 사람은 없다고 생각합니다. 늘 쉴새 없이 떠들고 질문하는 어린아이들이 기본적으로 사람이 언어에 대한 욕구와 자질을 가지고 태어난다고 볼 수 있는 증거이지 않을까요. 다만, 우리가 성인이 되어 말을 하는 것이 어렵고 불편하며, 때로는 너무나 긴장하고 당황하는 것은 내 머릿속에 있는 말들이 실은 '진정으로 내 것이 아니기 때문'은 아닐까 생각합니다.

　누군가로부터 들은 말을 내 생각이라고 믿고, 인터넷에서 돌아다니는 말을 내 말이라고 착각하고, TV 뉴스에서 보도되는 말을 나의 생각이라고 믿고, 책에서 읽은 이야기를 내가 가지고 있던 이야기라고 믿는 잘못된 믿음과 착각들. 나의 느낌과 생각을 말하려고 치면, 이상하게 처다보는 주변의 눈총과 버릇없다고 말대꾸한다고 혼내시던 그 예전, 어른들의 훈육 방식. 이 모든 것들 때문에, 정작 우리가 진정으로 깨달은 나만의 느낌과 생각을 말하기 어려운 상태로 우리는 이미 너무 큰 어른이 되어버린 것은 아닐까요? 조금만 관찰의 기회가 더 많았더라면, 내 것으로 받아들일 수 있는 통찰의 시간들이 더 있었더라면 그래서 내가 나만의 방식으로 표현할 수 있는 자기표현의 기회들이 더 많이 허용되었더라면 우리는 지금보다 어쩌면 더 말을 편하고 자연스럽게 잘할 수 있지 않았을까요? 그리고 사회는 지금보다 더 풍요롭고 다채로워졌을지도 모릅니다.

문제해결의 자유,
전문성

그럼 이제부터 조직 내 구성원과 조직의 전문성에 대해 이야기를 나누어보겠습니다.

여러분들이 생각하시기에 전문성이 있는 사람, 즉 전문가는 어떤 사람인가요? 전문가를 어떻게 정의 내릴 수 있을까요?

저는 전문가를 대안에 대한 체크리스트를 많이 가지고 있는 사람이라고 정의 내립니다. 아마추어는 하나의 상황에만 들어맞는 대안을 가지고 있지만, 전문가는 그 동안 쌓아온 다양한 지식과 경험의 축적으로 여러 상황에 어울리는 체크리스트를 가지고 있고, 문제와 상황에 따라 그 체크리스트 모듈들을 조합하여 프로세스로 엮을 줄 아는 사람이라고 생각합니다. 1+( )=2 이라는 문제가 주어졌을 때, 아마추어는 1이라는 정답밖에 모르지만, 전문가는 +10-5-4 등 사칙연산을 이용해 여러 가지 정답을 제시할 줄 아는 것이지요.

어떤 문제를 해결하기 위한 대안이 1부터 10까지 있다고 하면 전문가는 이미 1부터 10까지의 대안과 절차, 구체적인 실행방법을 알고 있습니다. 아마추어가 4정도의 수준을 가지고 있다고 할 때, 5이상의 대안을 제시하면 경험이 없는 아마추어는 두려워하고 해당 대안에 대해 끊임없이 의심을 가질 수 있습니다. 새로운 문제 해결방식과 변화에 대한 두려움과 의심의 태도는 개인과 조직의 성숙도와 관련이 깊습니다.

노련한 전문가는 4의 수준을 가지고 있는 조직 또는 개인에게 먼저 1에서 3까지의 대안을 제시해 격려와 칭찬을 제공하고, 4를 통해 자신감을 갖게 하며, 5를 제시하여 두려움과 의심에서 벗어나 새로운 도전을 할 수 있도록 독려합니다. 불필요하게 처음부터 10까지의 정보나 대안을 제시하면, 조직과 개인의 성숙도에 따라 가치를 공유하지도 못하고, 인정받지도 성공하지도 못할 뿐 더러 그 실패의 화살은 오히려 대안을 제시한 전문가에게 돌아올 수 있습니다. 시간을 두고 조직과 개인이 성숙할 수 있는 시간이 필요함을 인정하고, 상황과 필요에 따라 가지고 있는 정보와 대안을 지혜롭게 공유하여, 조직이나 개인이 스스로 문제에 대한 방향을 깨달을 수 있게끔 해야 합니다.

다른 사람보다 문제를 해결할 수 있는

체크리스트를 많이 가지고 있다는 것은

문제 해결의 '자유'가 있다고도 이야기 할 수 있습니다.

어떤 사람이 가지고 있는 '문제해결의 자유'가

타인보다 더 크고 넓다면

우리는 그를 '전문가'라고 부릅니다.

문제해결의 자유가 넓다는 의미는

문제 상황에서 그가 가지고 있는

해결 방식의 수가 많다는 뜻으로,

문제 상황에서 다양한 해결 방안 중에

어떤 답을 제시할지

스스로 '선택할 수 있는 폭'이 넓다는 뜻이지요.

그가 다양한 해결 방안을 제시해 줄 수 있는 전문가가 될 수 있었던 것은, 이전에 그 문제와 비슷한 상황을 많이 만나봤기 때문입니다. 같은 문제 상황에서 다른 해결 방식을 적용해보고, 제대로 해결되지 않으면 또 다른 방식을 적용해가면서 그는 최적의 문제 해결 과정과 답을 터득했을 것입니다. 문제 상황과 답을 얻어내어 해결하는 경험이 늘어나면서 문제해결의 경험은 점차 확대되고 '복잡'해지는 것입니다. 결국 그가 업을 삼고 있는 분야에서의 '복잡성'이 문제 해결에 대한 경험을 증대시켜주었고, 그를 전문가로 만들어준 것이지요.

> 인터널브랜딩 담당자는 조직 안의 개인들이
> '복잡성'을 추구할 수 있도록 도움을 주어야 합니다.
> 복잡성을 추구한 개인은 점점
> 문제해결의 자유를 획득해나가면서
> 조직 안에서 더 큰 책임을 수행해 나갈 것입니다.

이러한 과정이 지속적으로 반복되면 개인은 '문제해결의 자유'를 획득하고(다시 말해 전문가가 되어가는 것이지요) 조직은 추구하는 가치를 더욱 뚜렷하고 선명하게 발견할 수 있습니다. 다시 말해, 개인의 경험과 지식적 차원의 복잡성이 늘어날수록 개인은 더 큰 책임과 함께 자유를 얻고 조직은 더욱 성숙해질 기회를 얻을 수 있습니다.

전문성 있는
╳ 커뮤니케이터의 특성

인터널브랜딩 활동은 조직의 철학과 가치를 공유하는 커뮤니케이션 과정입니다. 구성원들과의 커뮤니케이션 활동을 담당자가 직접 할 때도 있고 외부 또는 내부 강사를 활용하여 진행할 때도 있습니다. 누가 되었든 커뮤니케이션을 담당하는 사람의 실력이나 스타일에 따라 원하는 의도대로 메시지가 잘 전달되기도 하고, 오히려 마음이 더 어려워지는 경우도 발생하는데요. 정말 실력있고 전문성있는 커뮤니케이터(Communicator)는 어떤 특성을 가지고 있을까요?

먼저, 스스로가 스스로 다운, '자기다움'의 정체성이 있습니다. 그 사람이 하는 말을 똑같이 옮겨 적은 스크립트를 다른 사람에게 건네주어도 절대 그 사람처럼 똑같이 진행할 수 없습니다. 스토리를 이어가는 흐름과 듣는 사람을 사로잡는 에너지뿐만 아니라, 어떠한 현상과 이슈를 자신만의 이야기로 풀어내어 그 사람이 하는 모든 말과 제스처, 분위기가 그 사람답게, 그 사람을 닮아있지요.

둘째, 스킬이나 팁이 아닌 '관점'을 전달해줍니다. 경험이 부족하거나 대중 앞에 서는 것이 아직은 편하지 않은 커뮤니케이터는 계속해서 정보나 지식을 전달해주려고 합니다. 커뮤니케이션이 익숙하지 않은 사람은 먼저 다른 사람을 따라 하려고 하고, 자신이 이야기하고자 하는 내용도 대부분 비슷한 주제로 진행하고 있는 다른 이의 것을 참고할 때가 많지요. 하지만 지식과 경험이 충만하고, 해당 주제에 대해 깊이 있게 고민한 전문성 있는 커뮤니케이터는 '관점'을 전달합니다. 문제와 주제를 자신만의 관점으로 재해석하고 새롭게 의미와 가치를 부여하여, 그것을 많은 이들에게 나눕니다. 그리고 나누는 과정에서도 두려움이 없습니다. 매번 듣는 사람의 반응과 상황에 따라 전달하는 순서의 앞뒤가 바뀌기도 하지요. 하지만 그 이야기를 들은 참가자들이 느끼는 만족감과 반응은 크게 달라지지 않습니다.

말 하는 사람들이 너무 많습니다. 하지만 전문성이 있고, 거기에 진정성이 있는 커뮤니케이터를 만나기는 생각보다 어렵습니다. 진정성 있는 커뮤니케이터는 전달하고자 하는 주제에 대한 풍부한 경험과 지식을 가지고 있을 뿐만 아니라, 깊이 있는 고민을 통해 자신만의 새로운 지식 체계로 새롭게 변환시켜 그 과정에서 도출된 관점을 전달해주는 사람입니다.

> 늘 본인의 생각을 글로 표현하는 것,
> 기존의 명제에 새로운 비판과 생각을 제기하는 것,
> 일상의 현상과 생각들에
> 새로운 의미와 가치를 부여하는 것 등은
> 제가 발견한 실력 있는 커뮤니케이터들의
> 공통된 습관입니다.

끊임없이 마주치는 경험과 지식의 해석, 새로운 가치를 부여하여 말과 글로 풀어내는 노력, 조직 생활에서 나다움을 발견하고 이를 다듬어내는 연습으로 세상과 관점을 소통하는 커뮤니케이터로서의 역할은 새로운 가치를 전달하고자 하는 모든 사람들에게 반드시 필요합니다.

전문가가
된다는 것

　　인터널브랜딩에서 교육은 하나의 커뮤니케이션 도구입니다. 구성원들과 새로운 지식과 정보를 공유하거나, 행동의 변화를 위한 동기와 가치를 전달하지요. 인터널브랜딩은 외부 브랜딩과 연계하여 다양한 활동을 수행하지만 그 중 커뮤니케이션 과정은 구성원들 입장에서 일종의 학습 과정이라고 볼 수 있습니다.

　　교육학에서 리터러시(Literacy)가 높다는 것은 학습자와 어떠한 사물 또는 현상과의 관계가 매우 가깝고 친밀하다는 뜻입니다. 스마트폰을 이용해 친구들과 영상 통화를 하고, 메일을 보내고, SNS에 사진을 올리고, 중요한 일정을 체크할 수 있다면, 모바일 리터러시가 매우 높다고 할 수 있겠지요.

구성원의 리터러시 수준은 프로그램을 설계할 때, 보통 학습 목표로 설명됩니다. '이해할 수 있다, 설명할 수 있다, 작성할 수 있다, 사용할 수 있다, 적용할 수 있다, 응용할 수 있다…' 이해의 단계를 넘어 올바른 적용과 응용의 단계로 인도하는 것이 담당자의 역할이지요. 구체적으로는, 참가자가 사물과 현상을 제대로 인식하여 기본적인 지식 체계를 갖추게 하고 다양한 상황에 맞닥뜨려 충분히 그 지식을 활용할 수 있도록 조금 더 발전된 본인만의 지식과 경험 체계를 갖추게 하는 것입니다. 다시 말해, 기본적인 지식이라는 '객관적 체계'에서 본인만의 지식과 경험이라는 '주관적 체계'로 넘어가게 도와주는 것이지요.

전문가가 된다는 것은
본인만의 주관적 체계를
얼마나 견고하게 완성하는가에 달려있다고 볼 수 있습니다.
즉, '주체성'과 '고유성'은 전문성의 필요 조건입니다.

그러고 보니 이것 역시 '다움과 스러움'으로 설명할 수 있겠네요. 주체성은 '자기스러움'을 찾는 것이고 고유성은 '자기다움'을 만들어가는 것이겠지요.

이렇게 보면 인터널브랜딩에서 커뮤니케이션의 목적은 부모가 아이를 길러 주체적인 사회인이 되면 독립시켜 떠나 보내듯, 조직 안에서 스스로의 결정과 판단, 실행을 할 수 있는 주체적 지식과 경험 체계를 갖춘 전인적 인간으로서의 발달을 돕는 것이라고 할 수 있습니다. 앞에서 조직 내에 게임의 룰(가치)이 잘 공유되고 내재화가 되면 구성원 각 개인은 주체적인 판단이 가능해진다고 말씀 드린 것, 기억나시나요? 자율주행 차량처럼 조직을 운영하기 위해서는 조직 구성원들이 게임의 룰을 잘 알고 있어야 된다고 했지요. 이러한 관계들을 따져보면 인터널브랜딩 커뮤니케이션의 방향과 목적도 결국, 개인과 조직의 자유와 성숙의 문제들과 긴밀하게 얽혀있음을 알 수 있습니다.

정리하자면, 리터러시를 높이는 학습과정, 즉

조직 구성원의 전문성을 중요하게 생각하는

인터널브랜딩에서의 커뮤니케이션은

일상에 놓여있는 다양한 상황과 사물과의

'관계성'을 다시 정립합니다.

  그리고 새롭게 정립된 관계를 매우 친밀하게 느끼도록 실천하고 재확인하며, 이를 자신만의 고유한 관계로 발전시킬 수 있는 기회와 경험을 제공하는 과정입니다.

전문성은
어떻게 발현되는가

'70 : 20 : 10의 법칙'이라는 것이 있습니다. 조직 내 구성원의 성장은 70%는 본인의 업무를 수행하는 중에 이루어지고, 20%는 코칭이나 멘토링, 10%는 공식적인 훈련으로 달성된다는 것이지요.

실제로 우리는 조직 안에서 자신의 역할을 성실하게 수행하면서 많은 깨달음을 얻습니다. 교육장에서 배운 트렌디한 지식과 정보도 내가 실제로 업무에 적용하고 활용해보기 전까지는 명시적인 지식에 불과합니다. 직접 적용하고 활용해본 뒤에야 명시적 지식은 암묵적 지식이 되어 진정 내 것으로 체

득화됩니다. 그러고 보면

> 조직 안에서 개인은 자신에게 주어진
> 업무와 '관계'를 맺고 있습니다.
> 사람과의 관계처럼 업무와의 관계도
> 시간에 따라 조금씩 변화가 발생하지요.

업무와의 관계는 고정적이지 않고 변동적입니다. 이제부터는 시간이 지남에 따라 개인과 업무와의 관계가 어떻게 변화하고, 전문성과는 어떻게 관련을 맺고 있는지를 살펴보겠습니다.

'업무에 대한 예리함'과 '조직적응기간'과의 관계

그래프 A 처럼 일반적으로는, 조직에 적응하는 시간이 지남에 따라 업무에 대한 예리함은 더욱 증가합니다. 조직 진입 초기에는 전임자가 했던 방식 그대로 업무를 진행하지만, 시간이 지나면 기존의 업무에서 개선되어야 할 사항들을 발견하고, 어떻게 하면 일을 좀 더 쉽고 빠르게 할 수 있을지를 고민하면서 고객이나 이해관계자의 편의도 고려합니다. 시간이 지

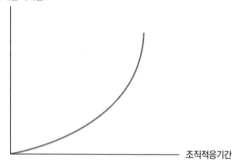

A   업무에 대한 예리함

조직적응기간

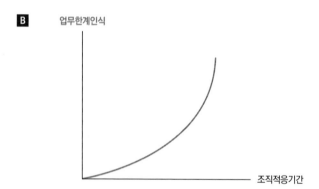

B   업무한계인식

조직적응기간

날수록 업무에 대한 개선 포인트를 발견하면서 일의 속성을 더욱 날카롭고 명확하게 이해하게 됩니다. 일을 단편적으로 이해하는 것이 아니라, 주변 환경을 둘러싼 이해관계와 전반적인 프로세스까지 이해하며 입체적인 사고를 하게 되죠.

'업무한계인식'과 '조직적응기간'과의 관계

조직에 적응하는 시간이 지남에 따라, 그래프 **B** 처럼 업무에 대한 한계인식도 더욱 증가합니다. 조직 진입 초기에는 미처 깨닫지 못한 업무의 한계를 점점 여실히 체험합니다. 그러면서 이전 담당자가 '그렇게 밖에 할 수 없었던 이유'를 발견하고 자신도 동일하게 할 수 밖에 없는 환경을 합리화 하죠. 의사결정의 프로세스, 한정된 자원, 조직의 문화와 비즈니스 환경의 변화 등 업무를 진행하면서 다양한 장애물을 맞닥뜨리며 업무의 속성을 더욱 자세히 이해하면서도, 본인 스스로 제어할 수 없는 영역을 발견합니다.

'업무한계인식'과 '업무에 대한 예리함'과의 관계

업무에 대해 예리하게 알아가고, 그 정체를 더욱 입체적이고 명확하게 알아갈수록 그 업무가 '그렇게 굴러갈 수 밖에 없는' 한계인식도 점점 증가합니다. 업무를 보는 예민함이 증가하면서 업무를 좀 더 빠르게 처리하고, 능숙하게 처리하는 기술도

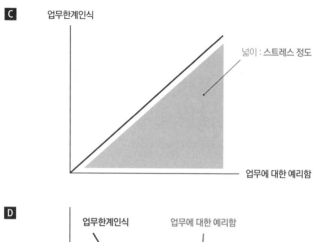

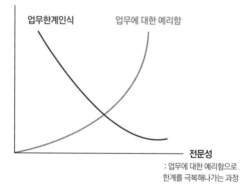

올라가면서 근본적으로 해당 업무가 가지고 있는 문제와 그
뿌리도 알게 되죠. 하지만 업무에 대한 한계도 너무나 잘 알고
있기에 쉽사리 그 뿌리를 뽑기는 어렵습니다.

업무를 점점 예리하게 알아갈수록 업무에 대한 한계인식도 더 늘어간다면, 그래프 **C** 처럼 직선 그래프의 하단 넓이만큼 담당자의 스트레스는 증가합니다.

'업무한계인식'과 '업무에 대한 예리함'의 또 다른 관계

업무한계인식과 업무에 대한 예리함은 그래프 **D** 와 같이, 다음과 같은 상황에서 역의 관계가 될 수 있습니다.

① 담당자가 한계 극복에 대한 나름의 맷집을 가지고 있는 경우

　: 업무에 대한 욕심이 아주 많거나, 아주 확고한 가치와 신념을 가지고 있거나

② 업무를 관장하고 있는 리더가 제대로 된 역할을 해주고 있는 경우

　: 리더가 명확한 방향을 제시해주거나, 장애물을 제거해주거나

이럴 때에 해당 업무의 담당자는 '전문성의 상태'로 나아갈 수 있습니다. 전문성의 상태로 나아가는 과정은, '업무에 대한 예리함으로 한계를 극복해 나가는 과정'으로 시간이 지날수

록 업무에 대한 예리함이 더욱 날카롭게 증가하면서도, 업무에 대한 한계인식은 점점 줄어들지요. 그래서 전문성의 상태로 계속해서 나아가면, 그래프 **E** 와 같은 상태를 마주하게 됩니다.

그래프 **E** 와 같은 상태는 업무에 대한 예리함이 증가함에 따라 업무에 대한 한계는 조금씩 제거되거나 줄어들고 있는 상태로써, 이는 위에서 언급한대로, 담당자의 맷집과 역량이 아주 뛰어나거나, 훌륭한 리더가 동행하며 제대로 역할을 수행할 경우 가능합니다.

시간이 지남에 따른 업무와의 관계는 최종적으로 다음 그래프 **F** 와 같이 정리할 수 있습니다.

부정적 환경에서 업무와의 관계는 조직 적응의 시간이 지날수록 [업무에 대한 예리함]과 [업무한계인식]은 정의 상관관계를 가지고 있습니다. 그래프가 점점 우상향으로 향할수록 하단의 넓이도 점점 늘어나면서 담당자의 자괴감과 스트레스는 증가하지요. 반면, 긍정적 환경에서 업무와의 관계는 시간이 지날수록 [업무에 대한 예리함]과 [업무한계인식]은 부의 상관관계를 가지고 있습니다. 그래프가 우하향으로 향할수록,

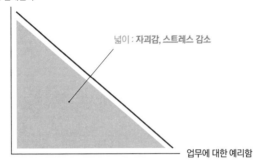

E

업무한계인식

넓이 : **자괴감, 스트레스 감소**

업무에 대한 예리함

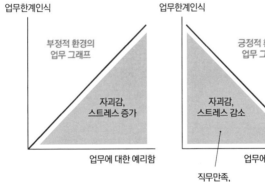

F

업무한계인식

부정적 환경의
업무 그래프

자괴감,
스트레스 증가

업무에 대한 예리함

업무한계인식

긍정적 환경의
업무 그래프

자괴감,
스트레스 감소

업무에 대한 예리함

직무만족,
동기부여,
전문성 확대

하단의 넓이가 줄어들면서 스트레스는 줄어들며, 결과적으로 담당자의 직무에 대한 만족감과 동기부여, 전문성은 더욱 확대될 수 있습니다.

두 환경에서의 담당자의 역량이 10으로 동일하다고 가정하면, 시간이 지날수록, 부정적 환경에서의 담당자는 10을 모두 발휘하지 않고 5-6만 발휘합니다. 조직은 담당자가 발휘한 역량의 반인 3 정도의 성과 또는 변화만 얻죠. 긍정적 환경에서의 담당자는 시간이 지날수록 10을 온전히 발휘한 후, 10을 투입했을 때, 20, 30, 나아가 100이 나올 수 있는 프로세스와 시스템의 구축을 고민합니다. 조직은 담당자가 발휘한 역량의 몇 배가 되는 100을 획득하죠.

어때요? 공감이 되시나요?

시간이 지날수록 개인이 가지는 '업무에 대한 예리함'과 '업무의 한계인식'의 관계 정립은 개인 차원에서도 중요하지만 조직 차원에서도 고민을 해보아야 하는 문제입니다.

전문성의 여정에서
꼭 필요한 경험

전문성의 상태로 나아가는 것은 '업무에 대한 예리함으로 한계를 극복해나가는 과정'이라고 말씀 드렸습니다. 이와 관련해 제가 이전에 일하던 조직 안에서 재미있는 워크숍을 진행한 적이 있는데요. 조직 안에서 '일하는 방식'을 논의하는 워크숍이었는데, 그 과정 중에 다음과 같은 주제에 대해 상당 시간 참가자들간에 치열한 토론과 논쟁이 이어졌습니다.

'시간이 지나고 경력이 쌓이면서 업무에 대한 한계인식은 증가하는가? 감소하는가?'

다시 말해, 아래와 같은 그래프에서 ❶번이 옳은 것인지, 아니면 ❷번이 옳은 것인지에 대한 토론이었습니다.

여러분들은 위의 질문에 대한 답을 이미 짐작하실 수 있겠죠? 이미 앞에서 업무에 대한 예리함과 한계인식의 관계에 대해 우리는 이야기를 나누었으니까요.

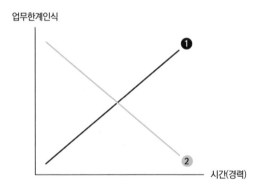

앞서 '업무한계인식과 조직적응기간'과의 관계에서 살펴보았듯이, 실제 워크숍에서 ❶번이라고 주장하신 분들은 이런 논리로 주장을 펼치셨습니다.

시간이 지나고 경력이 쌓이면서

업무에 대한 히스토리나 지식과 정보가 쌓이게 된다.

이 업무가 그 동안 왜 이렇게 진행되어 왔는지,

이전 담당자는 왜 이렇게 업무를 처리했는지

더 자세히 알게 된다.

그러면서 내가 할 수 있는 것과 내가 할 수 없는 것도

더 명확히 알게 되지 않나?

그러니 당연히 시간과 경력이 쌓이면서

한계인식도 증가하는 것이 맞다.

동의하시나요? 분명 일리가 있습니다.

그럼 ❷번이라고 주장하시는 분들의 이야기를 들어볼까요?

시간이 지나고 경력이 쌓이면서

업무를 보는 시야가 점점 넓어진다.

그에 따라 업무에 대한 전문성이 생기면서

이전에 풀지 못했던 어려운 상황도 해결할 수 있는

문제해결능력도 생기지 않나?

전문성 인터널브랜딩 활동 과정에서 필요한 전문성은 무엇인가

그러니 당연히 시간과 경력이 쌓이면서

한계인식은 낮아지는 것이 맞다.

어떤가요? 이 말도 분명 일리가 있지 않나요?

여러분들께서 짐작하셨듯이 ❶번과 ❷번 둘 중에 정답은 없습니다. 그저 개인의 경험과 관점이 존재할 뿐이죠. 실제 제가 진행한 워크숍에서도 ❶번과 ❷번 둘 중에 어느 쪽이 옳은 건지에 대해서는 결론이 나지 않았습니다. 대신 워크숍에서 저와 참가자들 모두는 생각지도 못했던 다른 사실을 발견할 수 있었습니다.

❶번이라고 주장한 사람들보다 ❷번이라고 주장한 사람들이 지금까지 일을 해오면서 '의미 있는 피드백을 받은 경험'이 더 많았다는 겁니다. 워크숍에 참석한 모두가 서로의 경험을 나누다보니 놀랍게도 ❷번을 주장한 사람들이 상사나 동료 또는 후배나 지인들로부터 유효한 피드백을 받은 경험이 ❶번을 주장한 사람들보다 상대적으로 더 많았습니다. 워크숍에 모였던 참가자들의 경험이 일반적으로도 보편 타당하다고 말하기는 어렵겠지만, '의미 있는 피드백이 업무에 대한 한계인

식을 낮추고 자신의 전문성을 기르는데 도움이 되었다'는 것에는 그 자리에 모였던 참가자들 모두가 공감했습니다.

앞에서 '[업무한계인식]'과 '[업무에 대한 예리함]'이 역의 관계가 되는 상황을 이야기 하였죠. 우리 모두가 보통의 사람이라고 한다면 제가 두 번째로 지적한 것, 즉

리더가 제대로 된 역할을 해주는 경우가

전문성을 향해 나아가는 여정에는 반드시 필요합니다.

리더가 제대로 된 역할을 해준다는 것은

'필요할 때에 필요한 말을 해주는 것'.

즉, 의미 있는 피드백을 해주는 것이 아닐까요?

전문성이 단기간에 형성되지 않고 지속적으로 개선되는 과정(Process)이라면, 누군가의 진정성 있는 조언과 도움은 그 과정에 반드시 요구되는 경험입니다. 전문성의 여정은 내가 지금까지 안 가본 세계를 향해 나아가는 불편한 과정이니까요. 자신만의 고유하고 주체적인 세계를 완성해나가는 과정이니까요. 아이가 주체적인 판단을 할 수 있는 성인이 되기 전까

지 부모의 도움이 필요하듯, 이 세상 모든 전문가에게는 부모
와 같은 조력자가 그의 인생에서 중요한 순간에 함께하고 있
지 않았을까요?

전문성을 키우기 위한
조건

　　전문성을 키워가는 과정에서 필수불가결하게 요구되는 과정은 고통을 체험하는 과정일 것입니다. 고통의 또 다른 말은 '불편함'입니다. 지금까지 무의식적으로 지켜왔던 사고나 행위에 새로운 의식을 부여함으로 오는 불편함, 지금까지 걸어왔던 길을 벗어나 또 다른 낯선 길 앞에 선 불편함, 지금까지 섭취했던 음식과는 다른 방법으로 습득하고 소화시켜야 하는 갑작스런 식습관의 변화와 같은 불편함이 성장 과정에서 일어납니다. 정답이 정답이 아닐 수도 있다는 반전의 충격, 생전 가보지도 못한 길에 대한 두려움과 공포, 껄끄럽게 목뒤로 넘겨야 하는 부담감들이 우리를 불편하게 만들지요.

이러한 불편함에서 벗어나는 길은 오직 하나, 친숙해 지는 것입니다. 사람끼리 친해지기 위해서는 무엇보다 자주 만나야 하지요. 자주 만나는 벗과의 대화가 오랜만에 만나는 벗과의 대화보다 더욱 다양하고 풍성한 이유는 '익숙함'과 '편안함'에 기인합니다. 전문가를 향하는 성장 과정에서의 불편함도 마찬가지 입니다. 진심을 동반한 '만남'과 '마주침'속에서 수많은 불편함 들은 어느덧 익숙함과 친숙함으로 바뀌어집니다. 다만 성장을 하고자 하는 사람에게 요구되는 것은, 진심으로 대상을 바라보고 체험해보고자 하는 '의지'와 '용기'이지요.

성장하고자 하는 의지는

자신의 기존에 가지고 있던 지배적 가치를 향해

칼을 겨누는 용기에 기인합니다.

기존에 소유하던 습관과 행동, 사고에

철저한 반성의 칼을 겨누어

끊임없이 자신을 버리어내는 과정을 통해

성장을 꿈꾸는 사람은

단순히 책략과 방식에 변화를 주는 1차 학습을 벗어나

앎과 삶이 일치되는 2차 학습을 경험할 수 있지요.

작가 은유는 '문학은 용기다'라는 명제에 대해 아래와 같이 그 의미를 해석하였습니다.

✕

어쩌면 용기란 몰락할 수 있는 용기다.

어설픈 첫 줄을 쓰는 용기,

자기를 있는 그대로 드러내는 용기,

진실을 직면하는 용기, 남에게 보여주는 용기,

자신의 무지를 인정하는 용기, 다시 시작하는 용기…….

도돌이표처럼 용기 구간을 왕복하는 일이 글쓰기 같다.

✕

도돌이표처럼 용기 구간을 왕복하는 일이 비단 글쓰기뿐일까요? 사람이 이제까지와는 다른 습관을 만들어내고, 지금까지와 다른 가치를 선택하고, 변화된 삶을 지속하며 성장하기 위해서는 글쓰기와 동일한 과정을 필요로 합니다. 어설프게 변화의 첫 도전을 시도해보아야 하고, 자신을 있는 그대로 드러내야 하며, 진실에 직면해야 하고, 자신의 무지를 남들 앞에서 진솔하게 인정하고, 몇 번이고 다시 시작해야 하지요.

이처럼 전문성을 키우기 위해서는 '용기'와 '진정성'이 필요합니다. 불편함을 익숙함으로 만들고자 하는 의지와 반복적인 실천, 자신을 있는 그대로 바라보는 태도 이지요.

전문성을 키워 나가는 과정은
용기와 진정성을 가지고
현상과 맞닥뜨리려는 의지를 통해
자신을 확장시켜 나가는 과정입니다.
전문성이 키워지는 원리를 이렇게 설명한다면,
인터널브랜딩 커뮤니케이션의 목적은
'구성원들이 현상의 제약과 한계를 맞닥뜨릴 수 있는
의지와 용기를 갖도록 하는 것'이라고 할 수 있습니다.

낯섦이 익숙함으로 될 수 있도록, 불편함이 편안함으로 될 수 있도록, 그래서 구성원이 복잡성을 추구하며 더 확장될 수 있도록 말이지요.

╳ 자기 경영으로 움직이는 **가치지향적인 조직**

가치지향적인 조직은 수동 변속기의 차량이 아니라 자동 변속기의 차량을 운전하는 것이라고 앞서 말씀드렸습니다. 나아가 더욱 가치지향적으로 움직이는 조직은 자율주행차량처럼 움직일 수 있다고도 했죠. 즉, 조직 안에서 가치가 역동적으로 작동하고 있고 구성원들이 그 가치를 지키고 발전시키기 위해 노력하고 있다면 '자기 경영(Self-Management)'이 가능합니다. 구성원들이 남들의 지시를 받지 않아도 이해관계자와 효과적인 커뮤니케이션을 하고 알아서 업무를 진행하며 성과를 달성하는 것입니다. 조직 안에 새로운 질서와 체계가 만들어지는 것이죠. 여기서의 체계는 '개인들이 다른 개인들과 자유로이 맺는 관계'라고 볼 수 있습니다.

세계적인 경영전략가 게리 해멀(Gary Hamel)은 자기 경영 체계를 시작하는 몇 가지 방법을 소개하였습니다.

먼저, 모든 팀원들이 개인 사명문을 작성하게 합니다. 구성원들에게 '팀 동료들을 위해 어떤 가치를 창출하고 싶은지, 팀 동료들을 위해 어떤 문제를 해결하고 싶은지'를 묻고 답하게 하며 팀원들 두세 명이 짝을 이뤄 서로의 사명문을 평가하게 합니다. 이 과정은 규칙을 지키는 데 집착하는 것이 아니라 상호 협의된 책임이 있다는 것을 강조하기 위함입니다.

둘째, 구성원의 자율권 범위를 확대할 수 있는 방법을 생각합니다. 사명이나 목표를 달성하는데 방해가 되는 규정이나 절차를 구성원들에게 물어보고 한정된 범위 내에서 재량껏 일을 처리하도록 한 후에 결과를 지켜봅니다. 구성원들이 일방적 통제의 패러다임에서 벗어나도록 도와주는 것입니다.

셋째, 전 조직이 하나의 팀처럼 움직이도록 정보의 투명성을 강화합니다. CEO가 가진 정보와 동일한 수준으로 정보를 공유하고 자세한 실적 정보까지 제공합니다. 정보의 불균형으로 인한 조직 내 위계질서를 무너뜨리는 것이 핵심입니다. '알아야 할 필요'를 '알 권리'로 인식해야 합니다.

넷째, 관리하는 사람과 관리 받는 사람의 구분을 없앨 방법을 찾아야 합니다. 구성원 모두가 동료들과 협력하며 업무에 필요한 자원을 관리하는 관리자가 되어야 합니다. 투명하게 공유된 정보를 바탕으로 누구나 조직 관리 업무를 할 수 있게 하고 역할과 책임을 모두가 알 수 있게끔 합니다. 이때 동료들과 주고 받는 피드백이 중요합니다. 피드백은 협력관계를 강화시키고 구성원들 간에 상호 책임의 그물망을 더욱 촘촘하게 형성시키는 역할을 합니다.

4차 산업혁명 시대에 우리나라도 주 52시간 근무제가 시행되면서 일하는 방식에 혁신적인 변화가 필요한 시기입니다. 비단 근무시간제도 뿐만 아니라 빠르게 변화하는 기술과 트렌드의 흐름, 고객의 기호에 대응하기 위해서 많은 조직들이 '민첩성'을 새로운 가치로 내세우고 있죠. 이제 우리의 조직도 결정해야 합니다. 피라미드 구조 안에서 여전히 상사 경영을 할 것인지, 아니면 신뢰와 책임을 기반으로 한 자기 경영을 할 것인지 말이죠.

숙련을 필요로 하는 일이 즐거움을 줄 수 있으려면
그 기술이 다양하게 변화할 수 있거나
끝없이 향상될 수 있다는 것이 전제되어야 한다.

– 버트런드 러셀(Bertrand Russell)

INTERNAL × BRANDING

이야기
넷

×

지속성

지속적인 변화를 위해
필요한 조건은 무엇인가

조직문화는
어떻게 만들어지는가

제가 얼마 전에 조직 문화와 관련된 세미나에 참석을 했는데요. 그 세미나에서 매우 인상 깊은 문구를 발견해서 여러분들과 나누어보겠습니다.

조직 분위기는

본인에게는 별거 아니지만 상대에게는 은근히 신경 쓰이는

미세한 행동에 의해 망가진다.

여러분들이 속한 조직 안에서 여러분이 은근히 신경 쓰고 있는 타인의 미세한 행동이 있나요? 정작 그 행동을 한 당사자에게는 별거 아니지만 여러분 또는 그 주변 사람들은 은근히 신경 쓰고 있는 행동 말이지요.

저에게도 그러한 타인의 행동이 있습니다. 그 중에 한가지를 고백하겠습니다.

어느 날, 회사 안에서 커피를 마시려고 캡슐을 뽑아 앞 사람에 이어 순서를 기다리고 있었습니다. 앞 사람이 커피를 다 내리고, 제 차례가 되어 커피 머신 앞으로 다가간 순간 커피 머신의 빨간색 램프가 깜빡 거리고 있음을 발견했습니다. 커피를 내리기 위한 물을 다 썼으니 다시 물을 채워 넣으라는 신호였죠. 그 순간, 커피를 내린 후 빨간색 램프를 무시하고 그냥 지나친 제 앞 사람의 행동이 제게는 은근히 불편했습니다. 마지막으로 커피를 내리고 물이 부족함을 확인한 사람이 다시 물을 채우는 것이 당연한 에티켓이라고 생각했던 거죠. 마음은 내심 불편했지만 그 분께 티를 내거나 별도의 피드백을 드리지는 않았습니다. 결국 제가 스스로 물을 채우고, 커피를 내려서 마셨습니다.

그런데, 여기서 무서운 일이 발생합니다. 그때부터 제 마음 속에서 앞에 계셨던 그 분을 '배려심 없는 사람'으로 판단해버린 겁니다. 그 분이 당시에 팀장님의 급한 호출을 받았을 수도 있고, 업무상 긴급한 미팅이 있어서 커피 머신에 물을 채워야 하는 것을 깜빡 잊으셨을 수도 있었을 겁니다. 하지만 저는 그런 상황을 무시하고 단지 그 분이 물을 채워 넣지 않았다는, 그 단편적인 사건으로 그분을 '배려심 없는 사람'으로 판단을 해버렸던 것입니다.

이미 제 마음속에 그 사람을 배려심 없는 사람으로 낙인을 찍어 버렸으니, 이후의 관계에서도 편할 리가 없습니다. 그분이 제게 업무 요청을 해오면 괜히 껄끄럽고 제 말투나 태도도 친절하게 나가기가 어려웠습니다.

저의 성급한 판단으로 인한 경험과 같은 일들이 의외로 많은 조직에서 비슷하게 일어나는 것 같습니다. 사소한 사례일 수 있으나 우리의 조직문화는 바로 이렇게 만들어집니다. 기억나시나요? 첫 장(이야기 하나 : 정체성)에서 우리는 인터널브랜딩의 관리 프로세스를 이야기하며 조직문화가 형성되는 과정을 나누었습니다. 바로 [경험-믿음-행동-결과] 이지요. 특정한 행동으로 만들어진 결과가 다시 누군가의 경험이 되고 특정한 믿음을 형성하며, 또 다른 행동과 결과로 이어집니다.

> 그래서 우리는 행동보다 먼저 믿음을 설계해야 합니다.
>
> 어떤 믿음을 줄지를 고민하고,
>
> 그 믿음에 적합한 경험을 제공해야 합니다.
>
> 조직 안에서 상대방에게 내가 의도한 믿음을 전달하는
>
> 조금 더 적극적인 행위이자 경험은 바로 '피드백'입니다.

보이지 않는 것을
보는 것

       사람은 어떤 행동의 원인을 '상황'에 귀속시키거나 '특성'에 귀속시켜 태도나 의도를 추론합니다.

  앞에서 이야기한 커피 머신 사례에서, 저는 상대방이 커피 머신에 물을 채워 넣지 않은 행동을 그 사람의 배려심이라는 '특성'에 귀속시켜서 생각했지요. 실은 누군가로부터 급한 연락을 받았거나, 급한 미팅에 참여해야 했던 '상황'이 그 이유였을지도 모르는데 말입니다.

  약속 시간에 본인이 지각을 했을 때, 다음과 같은 두 사람이 있다면,

A : 미안 조금 늦었네, 오늘 따라 버스가 늦게 도착한데다
　　가 오는 길에 또 도로에서 사고가 나서 말이야.

B : 미안, 조금 더 미리 출발했어야 했는데, 내가 너무 느긋
　　하게 생각했나봐.

A는 상황으로 이야기하고 있고, B는 특성으로 이야기하고
있는 것입니다. 이를 학자들은 '귀인이론(Attribution Theory)'이
라고 설명합니다. 자신이나 타인의 행동이 발생한 원인을 추
론할 때 사람들이 그 원인을 어디에 귀속시키느냐 하는 문제
를 이야기하죠.

사람들은 주로 나의 태도나 행동은 '상황'으로 설명하고 다
른 사람의 태도나 행동은 '특성'으로 설명하는 경향이 있습니
다. 타인의 행동에 대한 원인을 설명하기 위해 우리는 행동을
하는 '그 사람'에게 주의를 집중하는 반면, 그 사람을 둘러싼
'상황적' 요소에는 주의를 두지 않기 때문에 다른 사람의 행동
에 대해 기질적인 내적 요인으로 쉽게 귀인 합니다.

합리적 비판이 아닌 '비난'을 하는 것은 다른 사람의 행동을
상황 맥락적으로 이해하는 것이 아니라 그 사람의 기질과 특

성을 그 원인으로 이해하기 때문이겠죠. 상대방에게 상처를 주지 않으면서 내가 의도한대로 타인의 행동을 이끌기 위해, 우리는 타인의 보이지 않는 상황까지 이해하고자 노력해야 합니다.

'내가 하면 로맨스, 남이 하면 스캔들', '내 문제는 세상 탓, 남의 문제는 사람 탓'인 이중 기준이 우리 삶을 지배하는 원리로 받아들여지는 것을 막으려면, '보이지 않는 것을 보는 훈련'이 필요하다고 생각합니다.

진정성 있는 피드백은 어쩌면 '보이지 않는 것을 보는 습관'에서 시작되는 것일지도 모르겠습니다. 다른 사람의 상황과 맥락에 함께 서서 같은 시선으로 문제 의식을 공유합니다. 그리고 앞으로의 역할과 성장을 함께 탐색합니다. 이 일은 그 사람이 걸어온 무늬를 보지 않으면 동참하기 어려운 일입니다.

그 사람이 걸어온 무늬를 안다는 것은
다시 말해 그 사람 '다움'을 알고 있다는 것이겠지요.
시간에 기대어 그 사람에 대한
보이지 않는 속성과 가치를 알고 있는 것이지요.

그 사람이 가지고 있는 명시적 가치뿐만 아니라

'암묵적 가치'까지도 이해하는 것이기도 합니다.

그 사람의 '특성'뿐만 아니라

보이지 않는 '상황'까지 고려하는 것입니다.

피드백은 서로가 영향력을 보다 적극적으로 주고 받는 행위입니다. 긍정적인 변화를 이끌어 내는 에너지를 서로가 적극적으로 나누는 일입니다.

평가와
관찰의 분리

진정성 있는 피드백을 위해서는 보이지 않는 것을 보는 습관이 중요하다고 말씀 드렸는데요. 그 이유는 잘 보이지 않는 상황과 맥락을 무시하면 같은 행동이 다르게 평가될 수도 있기 때문입니다. 예를 들어 누군가의 적극적인 행동이 때로는 성급한 행동으로 판단되어 지기도 하고, 신중한 자세가 어떨 때는 너무 조심스러운 태도로 비추어질 수도 있겠지요. 사람들이 피드백을 제공하는 데에 어려움을 느끼는 이유 중 하나는 아마도 이러한 부분 때문이 아닌가 싶습니다.

마셜 로젠버그(Marshall B. Rosenberg)가 쓴 《비폭력대화》라는 책에는 아래와 같은 노랫말이 소개됩니다.

✕

나는 게으른 사람을 본 적이 없습니다.

내가 본 사람은 내가 보는 동안에

한 번도 뛰어다닌 적이 없는 사람입니다.

그는 점심과 저녁 사이에 가끔 잠도 자고,

또 비 오는 날에는 집에 있습니다.

하지만 그 사람은 게으른 사람이 아니랍니다.

나를 이상하다고 하기 전에 한번 생각해보세요.

그는 정말 게으른 사람일까요, 아니면 단지

우리가 '게으르다'고 하는 행위를 했을 뿐인가요?

나는 바보 같은 아이를 본 적이 없습니다.

내가 본 아이는 가끔 내가 이해 못하는 일 아니면

예상하지 않았던 일을 하는 아이입니다.

또 내가 본 아이는

내가 가본 곳들에 가보지 못한 아이 입니다.

하지만 그 아이는 바보가 아니에요.

그를 바보라고 하기 전에 생각해보세요.

그 아이가 바보일까요, 아니면 단지

당신이 아는 것과 다른 것들을 알고 있을 뿐일까요?

✕

> **피드백을 줄 때의 어려움을 해결하려면,**
>
> **먼저 '평가와 관찰을 분리'하는 것이 필요합니다.**

우리의 일상적인 언어습관에는, 상당 부분 평가가 섞인 관찰이 들어가 있습니다. 이를 테면, '그는 좋은 학교를 나왔다'라던가, '그는 말이 너무 많다' 또는 '내가 기억하는 한, 넌 집에서 물건을 정리한 적이 한번도 없다'와 같은 말들이죠. 오랜 습관을 버리고 평가와 관찰을 구분하는 능력을 익히는 것은 매우 어렵습니다. 평가가 섞이지 않고 순수히 관찰한 내용을 말로 표현하는 일은 쉬운 일이 아니죠. 누군가에게 좋은 피드백을 주고자 하는 사람이라면, 평가와 분리한 관찰 내용으로 말을 하는 연습을 해 보는 것이 좋습니다.

'그는 못생겼어'가 아니라, '나는 그의 외모에 끌리지 않아', '너는 내가 원하는 건 거의 하지 않아'가 아니라, '최근에 너는 내가 제안한 세 가지를 다 하기 싫다고 했어'처럼 말이지요.

반전매력과
✕ 불편함의 경계

한 예능 프로그램에서 모 아나운서의 발언이 이슈가 된 적이 있었습니다. 뛰어난 실력의 모창 능력자들이 가수를 얼마나 똑같이 따라 하는지를 보고 듣는 것도 재미있지만 가수의 지나간 히트곡을 추억할 수 있는 것도 그 프로그램의 매력이지요. 그런데 어느 날, 방송이 끝난 이후에 방송에 출연한 가수나 모창 능력자들이 아니라 패널로 출연한 그 아나운서의 발언이 뜻밖에도 이슈가 되었습니다. 방송 중간에 MC는 '가장 원조 가수답지 않은 사람이 누구일 것 같은가'라는 질문을 던졌고, 그 질문에 모 아나운서는 3번 출연자를 꼽으며 그 이유를 '노래를 좀 못해서'라고 이야기 한 것입니다. 바로 이 '노래를 좀 못해서'라는 표현이 이슈가 되어 대중들로부터 막말 논란으로 그야 말로 뭇매를 맞았죠.

프로그램에 참여한 패널의 말이, 프로그램의 진짜 주인공을 넘어서 이슈가 되고 검색어에 오를 정도로 화두가 되는 것은 무엇 때문일까요? 왜 모 아나운서의 짧은 한 마디에 대중들은 분노하고 부정적인 반응을 보이는 걸까요?

패널로 참여한 그 아나운서가 아마 '노래를 못해서'가 아니라 '모창 능력자의 목소리가 조금 두꺼웠다' 라던가 '성량이 조금 차이가 있었던 것 같다'라고 했다면 그렇게까지 여론으로부터 부정적인 의견을 받지는 않았을 겁니다. 그는 모창 능력자의 '특성'을 언급하지 않고 본인의 '판단'을 이야기했지요.

이 부분은 조직 안에서 리더가 구성원에게 피드백을 줄 때의 유의사항과 비슷합니다. '넌 오늘 아침에 출근 시간보다 10분이 늦었다'와 '넌 항상 지각이야'가 다른 것처럼, 듣는 사람이 수용할 수 있는 언어는 평가나 판단이 아니라 경험이나 관찰을 근거로 해야 합니다. 다른 사람의 작은 행동과 현상을 근거로 '너는 ○○○한 사람이야'라고 이야기하는 것은 주관적인 관점으로 다른 사람을 재단하고 평가하는 공격적인 언어 습관이지요.

또한 방송에서 실수를 한 그 패널은 안타깝게도 단순한 방송인이 아니라 '아나운서'입니다. 지금까지 그가 걸어오고 사람들이 기억하는 그 사람의 무늬는 아나운서로서의 무늬이지요. 아나운서는 사회의 현상과 이슈를 대중들에게 전달하는 언론인입니다. 언론인의 직업적인 역할은 사실을 있는 그대로 전달하고 대중들이 객관성을 가지고 사실을 이해할 수 있도록 돕는 것이겠지요. 모 아나운서에게 여론이 문제를 삼은 코멘트는 주관적인 판단의 내용으로 객관성을 잃었습니다.

객관적인 관찰이 아닌 개인적 판단에 의한 코멘트, 아나운서로의 무늬, 이 두 가지 이유도 분명 부정적인 여론 형성에 영향을 주었지만 궁극적으로 '어긋난 핵심 가치의 경계'가 이 사건(?)의 본질적인 이유라고 생각합니다.

우리는 모두 부족한 사람이라 어떤 사람을 인식하고 판단할 때 외부에서 보여지는 이미지와 행동, 태도로 그 사람을 이해하죠. 그러나 어느 순간 우리가 받아들인, 그 사람에게 기대되는 이미지와 상반되는 모습을 발견하면 '반전매력'으로 여기기도 하지만 '불편함'을 경험하기도 합니다.

어떤 사람의 그 동안과는 상반된 모습이 '반전매력'이 되기도 하고 '불편함'이 되기도 하는 그 경계는 어디일까요? 그 경계에 바로 '가치'가 있습니다.

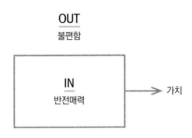

예를 들어 그 동안 주로 특이한 분장과 몸짓으로 사람들을 웃겨왔던 개그맨이, 다른 리얼 버라이어티 프로그램에서 요리와 운동을 잘하는 모습을 보인다고 해서 사람들은 그 사람에게 '왜 특이한 분장과 몸짓으로 웃기지 않느냐!'라고 불평하지 않습니다. 개그맨은 '사람들에게 즐거움을 주는 것'이 가장 중요한 가치이기 때문에, 그의 새로운 모습이 사람들에게 또 다른 차원의 즐거움을 줄 수 있다고 한다면 사람들은 그러한 모습과 이미지를 쉽게 허용하고 '반전매력'으로 전보다 더 큰 호

감을 갖죠.

하지만, 청렴결백을 주장하던 정치인이 미투 사건에 관여가 되었다면 어떨까요? 실력이 좋은 국가대표 운동선수가 도박이나 약물 사건에 연루되었다면요? 어떤 사람에게 기대되는 특정 가치를 벗어난 수준의 행동은 사람들에게 '불편함'을 불러일으키고, 그때의 행동은 사람들에게 허용되지 않습니다.

사회에서나 조직에서 구성원들의 행동을 결정하는 것은 바로 '가치'입니다. 허용되는 것과 허용되지 않는 것은 실은 '가치'에 근거하고, 사회에서 일반적으로 통용되는 가치에 근거에 최소한의 윤리적 행동을 규정한 것이 바로 '법률'이죠. 패널로 참여한 아나운서의 말과 행동이 법을 위배한 행위는 아니지만, 꽤 많은 사람들에게 불편하게 들렸다는 것은, 적어도 사람들이 공통으로 인식하고 있는 특정 '가치'를 벗어났기 때문일 겁니다.

아나운서와 같이 사회에 적지 않은 영향을 끼칠 수 있는 인플루언서(Influencer)라면 자신이 가지고 있는 영향력을 명확히 인식해야 할 필요가 있습니다. 사회의 변화 흐름에 따라 대중이 어떠한 가치를 중요하게 여기고 있는지도 읽어낼 줄 알아야 하지요. 보이지 않는 것을 보는 것입니다.

평소 자신이 가지고 있는 가치와 영향력을 깊게 고민했다면, 갑작스러운 상황에서 예상치 못하게 받은 질문 앞에서도 그 가치의 범주 안에서 답변을 할 수 있습니다.

만일 누군가가 '개인이 가지고 있는 가치를 왜 다른 사람들이 기대하는 가치 안에 맞추어야 하는가?'라고 묻는다면, 이렇게 답변 드리겠습니다.

그는 개인 혼자로 존재하는 것이 아니라 대중에게 많은 영향을 전달할 수 있는 인플루언서이기 때문입니다.

영향력의 문제는
자신의 정체성과 책임을 인식하는 문제이기 때문입니다.
그리고 실은, 우리 모두가 인플루언서 입니다.

사람은 관계적 존재이고,
어느 누구도 혼자 존재하는 개인은 없으니까요.

피드백이 정상적으로
운영된다는 것

조직 안에서 건강한 영향력을 주고 받는 과정, 즉 피드백이 정상적으로 운영된다는 것은 어떤 모습일까요?

피드백이 정상적으로 운영되는 조직은 먼저 피드백이 상시로 일어납니다. 피드백은 업무를 수행해 나가고 있는 가운데 속도와 방향성을 확인할 수 있는 나침반이 되어주어야 합니다. 따라서 일 년에 한 두번 평가를 위한 중간점검 시기에만 진행해서는 원래의 목적대로 그 기능이 발휘되기는 어렵겠지요.

그리고 피드백이 제대로 운영되는 조직은 '심리적 안정감'이 확보되어 있습니다. 이 '심리적 안정감'이라는 부분을 어떻게 해석하느냐에 따라 조직 안에서의 피드백 운영 방식이 달라집니다. 조직에서 피드백을 운영하는 방식은 크게 보면 두 가지로 분류할 수 있죠. 익명성을 보장한 피드백과 실명이 공개되는 피드백입니다

심리적 안정감이 확보되어 있는 조직은 피드백을 진행할 때 익명성을 보장하는 방식으로 진행할까요, 아니면 자신이 누구인지 드러나는 공개 피드백 방식으로 진행할까요?

익명성을 보장한 피드백의 환경에서 구성원은 자신이 누구인지 드러나지 않으려는 의도를 가지고 피드백 내용을 작성합니다. 너무 자세한 이야기가 들어가면 나의 정체가 탄로 날 수 있기 때문에 나라는 사람이 썼을 것이라고 짐작될만한 정보들은 과감하게 생략하죠. 이러한 이유로 문제가 되는 이슈나 현상의 맥락은 점점 가려집니다. 이 피드백의 내용으로는 왜 이런 피드백이 나왔는지, 도대체 뭘 어떻게 고쳐야 하는지 파악하기가 어렵습니다. 따라서 이 피드백의 내용을 받아본 리더나 또 다른 구성원은 열만 받고 행동은 고치기 어렵습니다. 결국 실제로 피드백이 조직 안에서 아무런 영향력을 발휘하지 않고, 나름 성심성의껏 작성했다고 생각한 구성원들은

조직을 신뢰하지 않게 되죠.

자신이 누구인지 드러나는 공개 피드백에서 구성원은 자신이 제기하는 문제에 대해 왜 그렇게 생각하는지 본인이 어떻게 느꼈는지를 밝힙니다. 누구나 자신이 썼다는 것을 알기 때문에 명확한 근거와 사실로 본인의 주장에 명분을 만들죠. 이피드백의 내용은 문제가 된 행동과 태도, 이슈를 파악할 수 있고, 제대로 역할을 하고 있는 리더나 인사팀에서는 대상자에게 문제가 된 행동의 수정을 요구하거나 대안을 제시하는 피

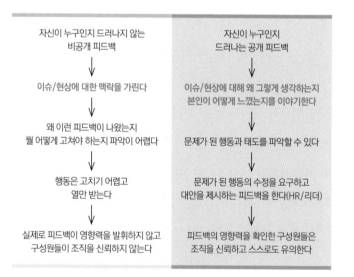

자신이 누구인지 드러나지 않는
비공개 피드백

↓

이슈/현상에 대한 맥락을 가린다

↓

왜 이런 피드백이 나왔는지
뭘 어떻게 고쳐야 하는지 파악이 어렵다

↓

행동은 고치기 어렵고
열만 받는다

↓

실제로 피드백이 영향력을 발휘하지 않고
구성원들이 조직을 신뢰하지 않는다

자신이 누구인지
드러나는 공개 피드백

↓

이슈/현상에 대해 왜 그렇게 생각하는지
본인이 어떻게 느꼈는지를 이야기한다

↓

문제가 된 행동과 태도를 파악할 수 있다

↓

문제가 된 행동의 수정을 요구하고
대안을 제시하는 피드백을 한다(HR/리더)

↓

피드백의 영향력을 확인한 구성원들은
조직을 신뢰하고 스스로도 유의한다

드백을 전달합니다. 결국, 조직 안에서 피드백의 영향력을 확인한 구성원들은 조직을 신뢰하고 스스로도 자신의 행동과 태도에 대해 유의합니다.

물론 조직의 성숙도와 상황이 달라, 모두가 위와 같은 과정과 결과로 연결될 것이라고 단정짓기는 어렵습니다. 하지만 우리가 그 동안 생각한 '심리적 안정감'이 과연 '익명성'을 전제로 한 것인가에 대해서는 한 번쯤 생각해볼 만 합니다. 조직 안에서 내가 드러나지 않는 것이 과연 진정한 심리적 안정감일까요? 자신이 드러났을 때 우려되는 염려와 두려움이 있다면 진정한 안정감이 있는 조직이라고 하기는 어렵습니다.

진정한 심리적 안정감은 '자신의 취약점을 드러내도 아무 문제가 없다는 믿음'입니다. 이러한 안정감이 깔려있는 조직의 구성원들은 각자의 취약점을 숨기거나 부정하는 것이 아니라 있는 그대로 인정합니다. 따라서 피드백을 받는 것은 자연스러운 일이 됩니다. 피드백을 준 사람도 공개적으로 자신을 드러내어 의견을 제시해도 본인에게 불이익이 없을 것이라는 믿음과 기대를 가지고 있습니다. 이 모든 것은 피드백은 자신의 취약한 점을 파악하여 개선하고 성장할 수 있는 기회라는 것을 모두가 알고 있기 때문입니다.

> 그래서 피드백의 수용은
>
> '내가 완벽하지 않다'는 고백의 적극적 실천입니다.

성공적인 팀을 위한
╳ 피드백 방법

구글은 2012년 '아리스토텔레스 프로젝트'라는 이름으로 성과를 내는 팀의 조건을 조사하였습니다. 180개 이상의 구글 내 팀을 대상으로 2년여 동안 진행된 조사 결과, 성과를 내는 팀에게는 5가지의 조건이 있음을 발견하게 되었죠.

첫 번째 조건은 '심리적 안정감'입니다. 팀원들은 리스크를 감수하고 자신의 취약점을 드러내도 안전하다고 느끼는 것이죠.

두 번째는 '상호의존성'입니다. 팀은 결과물에 대한 높은 기준을 공유하고 있고 팀원들은 이 기준을 충족시키며 정해진 시간 안에 맡은 일을 끝마칩니다.

세 번째는 '체계와 명확성'입니다. 팀원들에게는 명확한 역할이 부여되어 있고, 구체적인 계획과 목표가 있습니다.

네 번째는 '일의 의미'입니다. 팀원들은 각자 맡은 일에 대해 단순히 돈을 벌기 위한 것 이상의 개인적인 의미를 부여하고 있습니다.

마지막은 '일의 영향'입니다. 팀원들은 자신이 하는 일이 매우 중요하며 조직의 변화를 일으키는 것이라고 믿고 있습니다. 다시 말하면 변화에 대해 본인이 기여하고 있다고 믿는 것이지요.

심리적 안정감을 느끼고 구성원들 간에 서로 긍정적인 에너지를 주고 받으며, 명확한 역할과 체계 속에서 일의 의미와 영향력을 통해 지속적인 동기부여를 받을 수 있는 팀! 이런 팀은 두말할 나위 없이 진정 최고의 팀이겠죠.

5가지 조건을 모두 갖춘 완벽한 팀은 처음부터 만들어지는 것은 아닐 겁니다. 함께 일을 하는 장면 속에서 일과 개인의 관계, 팀 안에서의 개인과 개인의 관계, 그리고 조직과 개인의 관계 등은 끊임없이 변화합니다. 그리고 그 과정에는 일에 대한 역할과 책임뿐만 아니라 구성원들 간의 관계와 정서적 문제들도 관여하게 되죠.

다양한 시행착오를 겪으며 조금 더 완성된 팀을 만들기 위해 가장 중요한 것은, 협업을 하는 과정 속에서 반복적이고 지속적으로 주고 받는 피드백입니다.

성과를 내는 팀의 조건

일의 영향
팀원들은 지금 하는 일이 중요하며
변화를 일으키는 것이라 믿는다

일의 의미
팀원들은 맡은 일에
개인적인 의미를 부여하고 있다

체계와 명확성
팀원들은 명확한 역할 분담과 계획과 목표가 있다

상호의존성
팀원들은 정해진 시간 안에 맡은 일을 끝마치며 높은 기준을 충족시킨다

심리적 안정감
팀원들은 리스크를 감수하고 자신의 취약점을 드러내도 안전하다고 느낀다

지속성 지속적인 변화를 위해 필요한 조건은 무엇인가

그럼 성공적인 팀을 만들기 위한 효과적인 피드백은 어떻게 하면 될까요?

실은, 성과를 내는 팀의 5가지 조건을 피드백 방법론으로 활용할 수 있습니다. 5가지 조건 중 맨 마지막 '일의 영향'부터 거꾸로 올라가는 방식으로 피드백을 한다면 누구나 꽤 훌륭한 피드백을 할 수 있습니다. 예를 들어 이런 방식으로 말이죠.

> ○○님, ○○님이 맡고 계신 일은 앞으로 우리 조직에게
> △△△측면에서 매우 중요한 일이에요(일의 영향).
> 그래서 저는 ○○님의 역할이 △△△부분에서
> 의미가 있다고 생각해요(일의 의미).
> 현재 우리는 △△△ 목표와 △△△ 계획이 있기 때문에
> ○○님은 △△△ 역할에 집중해주시면 좋겠어요(체계와
> 명확성).
> ○○님이 목표를 달성하기 위해서는 △△△ 시간 안에
> △△△ 기준을 충족시켜야 해요(상호의존성).
> 업무를 진행하는 데에 있어서 여러가지 제약과 어려움이

있을 텐데, 그럴 때마다 언제든지 편하게 이야기해주세요.
우리 같이 해결해보기로 해요(심리적 안정감).

피드백은 타인에게
지금까지 어디로 와서 무엇을 했는지,
그것은 현재 어떤 의미를 갖는지,
그리고 앞으로 어디를 향해 나아가야 하는지를
이야기해주는 스토리입니다.
좋은 스토리를 위해서는 훈련이 필요하지요.
따라서 피드백도 훈련이 필요합니다.

혹시 피드백을 하기 어려우시다면 일의 영향, 일의 의미, 체계와 명확성, 상호의존성, 심리적 안정감 이 순서대로 상대방에게 이야기하는 연습을 해보면 어떨까요?

피드백을 위한
피드백

앞서 이야기 한 '성과를 내는 팀의 5가지 조건'을 활용하여, 현재 피드백 활동을 제대로 하고 있는지를 확인할 수 있는 체크리스트를 만들어보았습니다. 5가지의 각 항목과 관련된 구체적인 질문을 스스로에게 던져보고, 또 구성원들과 함께 나눈다면 더욱 성숙된 피드백 문화를 만드는 데에 도움이 될 수 있을 것이라 생각합니다.

참고로 체크리스트의 질문을 만들 때, 우리는 '피드백을 했느냐'가 아니라 '지속적으로 제대로 된 피드백을 하고 있느냐'를 확인해야 하기 때문에 다음과 같은 차원으로 고민을 하였습니다.

피드백을 위한 피드백 체크리스트

구분	내용
일의 영향	1. 당신의 리더/동료들과 현재 하고 있는 일의 중요성에 대해 이야기를 나누고 있습니까?
	2. 당신의 리더/동료들과 현재 하고 있는 일이 조직에 어떤 변화를 가지고 올 수 있는지 이야기를 나누고 있습니까?
일의 의미	3. 당신의 리더/동료들과 일의 결과와 기대사항에 대해 이야기를 나누고 있습니까?
	4. 당신의 리더/동료들과 각자의 일이 고객에게 어떠한 가치를 제공하는지 이야기를 나누고 있습니까?
체계와 명확성	5. 당신의 리더/동료들과 팀 내 역할에 대해 지속적인 이야기를 나누고 있습니까?
	6. 당신의 리더/동료들과 팀의 계획과 목표에 대해 지속적인 이야기를 나누고 있습니까?
상호의존성	7. 당신의 리더/동료들과 일의 시작과 완료 시간을 공유하고 있습니까?
	8. 당신의 리더/동료들과 일에 대한 공통의 기준과 약속을 공유하고 있습니까?
심리적 안정감	9. 당신의 리더/동료들과 서로의 강점과 약점을 이야기해주고 있습니까?
	10. 당신의 리더/동료들과 각자가 맡은 일의 리스크와 해결 방안을 이야기해주고 있습니까?

1. '~했는가?'와 같은 완료형 질문을 하지 않는다.

2. 지속성/과정/실천 측면에서의 질문을 한다.

3. 조직 차원이 아닌 개인 차원의 질문을 한다.

좋은 피드백은 일의 영향과 의미를 설명해주고(일의 영향/의미), 팀 안에서의 역할과 목표를 상기시켜주며(체계와 명확성) 공동의 약속과 기준을 공유하고(상호의존성), 약점을 보완할 수 있는 대안을 제시합니다(심리적 안정감). 좋은 피드백은 이런 내용들이 하나의 스토리가 되어 전달되는 것입니다.

피드백의 내용만 좋다고 해서 바람직한 피드백 문화가 구축되는 것은 아닙니다. 피드백 문화가 성공적으로 정착되기 위해서는 피드백을 위한 피드백 역시 수시로 진행되어야 합니다. 구성원들의 심리적 안정감도 반복적으로 피드백을 주고 받는 환경에서 피드백이 실질적으로 개인과 조직에 영향을 미치는 것을 확인하고 경험하였을 때 더욱 견고하게 자리 잡을 수가 있습니다.

조직 안에서 인사나 조직문화 담당자들이 피드백을 수시로 진행하지 못하는 가장 큰 이유는 '조직과 조직 내 개인의 성숙도'에 대한 고민 때문입니다. 즉, '우리 조직은 아직 제대로 된 피드백을 서로 주고 받을 수 있을 정도로 준비 되지 못했어'라는 생각이 제도를 실행하는 데 망설임을 줍니다.

물론 틀린 생각은 아닙니다. 실제로 조직 안에서 리더나 구성원의 피드백이 올바르게 진행되고 활용되기 위해서는 조직과 개인의 '성숙도'가 어느 정도는 받쳐주어야 하죠.

피드백을 주고 받는 데에 있어서 '성숙도가 높은 상태'라는 것은 무슨 뜻일까요? 그것은 아마도 '피드백을 받는 사람이 내 현재 상태와 앞으로의 개선점에 대해 개방적으로 받아들일 수 있는 상태'이자 '피드백을 주는 사람이 동료의 진정한 성장을 위해 솔직하고 구체적인 생각과 의견을 제시할 수 있는 상태'를 의미할 것입니다.

만일 이러한 상태가 전제되지 않은 상태에서 피드백 진단이 이루어지면, 그 진단의 결과는 직원들의 수준을 재단하고 판단하는 평가 도구로 활용되어 조직 내 갈등을 초래하거나, 인기투표로 변질이 되어 조직 내 정치활동이 횡행하게 될 가능성이 높아지죠.

《비폭력대화》라는 책에 이런 내용이 있습니다.

나는 사회적·정서적 부적응아로 분류된 40명을 만나게 되었다. 나는 그 같은 꼬리표가 얼마나 자기충족적 예언이 되는지 보고 놀랐다. 만일 학교에서 이런 꼬리표를 붙인다면, 누구라도 선생님들이 하라는 것은 모두 거부하고 자기 좋을 대로 재미를 보라는 허락을 받은 것이나 마찬가지 아닌가? 사람들에게 꼬리표를 붙임으로써 우리들은 그 사람들이 우리가 걱정하는 바로 그 행동을 하게 만드는 식으로 그들을 대하는 경향이 있다. 그리고는 그 사람들에 대한 우리의 판단이 옳았다고 더욱 확신한다.

사람들에게 꼬리표를 붙여서

조직 안에서 걱정하는 행동을 하게 만들어 놓고,

그 행동이 발견이 되면

우리의 판단이 옳았다고 확신하는 것.

바로 이것이 성숙도가 낮은 조직에서

피드백 진단과 결과를 활용하는 방식입니다.

이러한 조직에서 진단과 평가의 결과는 단지 기존의 판단을 더욱 굳건한 확신으로 만들어주는 증빙이자 명분일 뿐입니다.

제가 경험한 조직들 중에서도 위와 같은 조직이 있었습니다. 그 조직은 피드백이 실질적으로 개인과 조직에 영향을 발휘하지 못했고, 구성원이 심리적 안정감을 가지고 진단이나 피드백에 참여하고 있지 못했죠. 피드백이 조직 안에서 제대로 작동하고 있다는 믿음이 없으니 구성원들 또한 피드백에 솔직하고 적극적으로 참여하는 것이 아니라 그저 형식적으로 작성할 뿐이었습니다. 물론 피드백도 수시로 일어나지 않고 일년에 한두 번 특정 기간에만 진행이 되었죠. 구성원들이 그저 형식적으로 참여한 피드백의 내용을 보고 그 조직의 임원들은 아직 우리 조직은 피드백을 주고 받을 만큼 성숙 되어있지 못하다고 판단하였고, 결국 또 다시 모든 구성원들이 참여한 피드백은 조직 안에서 아무런 영향력을 발휘하지 못하게 되었습니다.

조직이 계속해서 360도 다면 진단이나 피드백 제도를 실시하는데, 리더십이나 조직문화가 변화되지 않는다면 그것은 직원들이 성숙하지 못해서일까요, 아니면 피드백의 방법이 잘못 된 것일까요? '닭이 먼저냐, 달걀이 먼저냐'라는 질문처럼, '직 원들의 성숙도 제고가 먼저냐, 피드백의 방법 개선이 먼저냐' 라고 묻는다면 뭐라고 답해야 할까요?

정답이라고 말하기는 어려울지 모르겠지만, 아마도 위와 같 은 질문이 갖는 프레임 자체가 잘못된 것이 아닐까 싶습니다.

'직원 성숙도'와 '피드백'은 이분법적으로 무엇이 우선 순위 인지 구분할 것이 아닙니다. 피드백 자체가 직원들의 성숙도 를 높이기 위한 수단이 되어야 합니다. 상시적으로 일어나는 피드백의 목적이 '구성원들의 성숙'으로 연결되어야만 합니다.

> ❝
> 피드백의 내용과 결과가
> 조직 안에서 실질적으로 그 영향력이 발휘되어야 합니다.
> 그 영향력의 결과가 조직 구성원들에게
> 하나의 시그널이 되어야 합니다.
> 그래서 피드백이 조직의 성숙도를 올릴 수 있는
> 도구로 활용되어야 합니다.
> ❞

낯섦과 불편함을 넘어
익숙함으로

저는 지금까지 조직 안에서의 가치가 왜 필요하고 가치가 조직 안에서 제대로 작동하는 것은 어떤 모습이며, 조직이 가치지향적이 되기 위한 과정들을 인터널브랜딩의 관점에서 이야기하였습니다. 그 과정에서 선택과 자유, 영향력, 경험과 믿음, 성숙 등 조금은 철학적인 논의를 제 나름의 관점에서 나누었습니다. 그리고 가치가 지속적으로 전파되기 위한 도구로서의 피드백에 대해서도 말씀 드렸습니다.

어떤 시(詩)에 보니까 하고 싶은 것과 해야 되는 것, 실제로 할 수 있는 것. 이 세 가지의 교집합이 넓을수록 행복하다고 하더군요. 그런데 조직 안에서는 이 세 가지에 늘 갭(Gap)이 존재하는 것 같습니다. 내가 하고 싶은 것이 조직 안에서 해야 되는 것과는 다르고, 실제로 할 수 있는 것은 이 보다 더 다른 양상으로 다가옵니다.

조직 안에 새로운 가치와 믿음을 형성하고 공유하는 일은 그래서 어렵습니다. 조직에서 요구하는 가치는 누구나 해야 되는 것으로 이야기하지만 실제로는 할 수 없는 것으로 여겨지니까요. 시간이 지나면 실천 사항에서 선전 문구로 전락하고 마는 것도 이 때문이겠지요.

브리지워터 어소시에이츠(Bridgewater Associates)를 설립하고 세계 최고의 헤지펀드 회사로 성장시킨 레이 달리오(Ray Dalio)는 조직의 변화를 위해 적절한 습관이 생길 때까지 '도구와 규칙의 도움'이 필요하다고 이야기합니다.

✕

사람들이 이성적으로
하고 싶은 것을 할 것이라고 생각하는 것은
단지 사람들이 살을 빼는 것이 좋다는 이유로

살을 뺄 것이라고 가정하는 것과 같다.

적절한 습관이 생길 때까지 변화는 일어나지 않는다.

조직에서는 도구와 규칙의 도움을 통해

이러한 변화가 이루어진다.

- Ray Dalio, 〈Principles〉

◆ 우리 조직과 어울리는 사람은 어떤 사람인가?

◆ 우리답게 일하는 것은 어떤 모습인가?

◆ 우리 조직에서 효과적인 협업의 규칙은 무엇인가?

◆ 우리가 인정하고 있는 성과의 정의는 무엇인가?

위와 같은 질문처럼 조직이 중요하게 생각하는 가치가 실제 의사결정의 장면에서 반영되고 작동되기 위한 논의가 필요합니다. 조직의 성과를 증진시키기 위한 든든한 정신적 토대를 점검하고 그 토대 위에 다양한 도구와 규칙을 올려놓아야 합니다.

이러한 도구와 규칙을 논의하고 새롭게 적용하면서 조직은 '경계'에 서게 됩니다. 낯선 곳과 불편한 곳의 경계이지요. 새로운 가치가 조직에 내재화되는 과정을 거치면서 그 동안에 경험해보지 못하고 발견되지 못한 장면들이 연출됩니다. 같은 장면에서도 누군가는 낯설게 여기기도 하고, 또 누군가는 불편하게 여기기도 할 겁니다.

낯섦과 불편함이 익숙함으로 넘어가면서
서서히 조직에서 추구하는 가치가 선명해지고
우리만의 독특한 '다움'도 발견됩니다.

'경계를 흐르다'에서 철학자 최진석 교수는 지성인에 대해 아래와 같이 이야기합니다.

✕

지성인은 무엇을 하는 사람인가?
알고 있는 것을 바탕으로 하여
모르는 곳으로 넘어가려고 용기를 발휘하는 사람이다.
'나'에게 갇힌 생각을 '우리'까지 확장할 수 있는 사람이다.
'여기'에 있던 나를 '저곳'으로 끌고 가려는 사람이다.

보이고 만져지는 곳에서 안 보이고 만져지지 않는 곳으로

옮겨 가려고 몸부림 칠 수 있는 사람이다.

익숙함에서 과감히 이탈하여 아직 열리지 않은

어색한 곳으로 건너가려고 발버둥 치는 것,

그것이 지성인의 율동이다.

✕

조직이 새로운 정체성을 만들어가는 과정도 지성인의 율동과 비슷하지 않을까요? 익숙함에서 탈피해 가치를 기반으로 용기 있는 결정을 실행 하면서 낯설고 불편한 곳으로 넘어가려고 발버둥을 치는 모습 말이지요.

앞에서 반복성과 일관성의 중요성을 강조했습니다. 가치가 힘을 가지기 위해서는 반복성과 일관성이 필요하고, 반복되고

일관된 과정에서 진정한 '다움'이 발견된다고 했지요. 그런데 이제 보니, 이 과정에서 반드시 필요한 조건이 있을 것 같네요.

> **바로, 익숙함에서 이탈이 가능할 것.**
>
> **익숙함에서 이탈하는 것이야 말로,**
>
> **자유의 조건이자**
>
> **성숙의 조건이자**
>
> **새로운 정체성의 조건이지 않을까요?**

생각해보면 우리가 아는 모든 유명한 브랜드는 익숙함에서 이탈해 고유의 정체성을 구축하지 않았나요?

신기하게도, 조직도 사람도 마찬가지입니다.

그래서,

인터널브랜딩(Internal Branding)입니다.

✕ 임파워먼트를 실현하기 위해서는

조직 내 구성원들을 성장시키고 외부환경 변화에 민첩하게 대응하기 위해서는 제대로 된 임파워먼트(Empowerment)가 중요합니다. 임파워먼트는 주다라는 뜻의 'Em'과 권력이라는 뜻의 'Power'가 결합된 용어로, 사전적 의미는 '리더가 업무수행에 필요한 책임과 권한을 구성원에게 공유하는 과정'을 뜻합니다. 앞서 논의한 '자기 경영 체계'에 필요한 구성원들의 자율성 강화와 충분한 정보 제공을 위해서는 임파워먼트를 제대로 이해해야만 합니다.

로버트 퀸(Robert E.Quinn)은 임파워먼트를 두 가지 차원으로 구분하였습니다.

첫 번째는 임파워먼트를 권한위임과 책임소재에 관한 것이라고 믿는 것입니다. 임파워먼트를 상의하달식 프로세스로 정의 내리며 최고경영자는 명확한 비전과 계획, 과업을 개발해야 합니다. 결정된 권한을 적절한 직급으로 위임시키며, 직원들은 회사가 요구하는 대로 절차상의 변화와 프로세스 개선을 이끌어냅니다. 구성원들은 업무 전반을 개선하여 명확하게 만들고, 규칙에 대해 잘못을 발견해내며 임파워됩니다. 이러한 접근방식을 임파워먼트에 대한 '기계적 어프로치'라고 부릅니다.

두 번째는 임파워먼트를 모험과 성장, 그리고 변화에 관한 것이라고 믿는 것입니다. 임파워먼트는 사람들을 신뢰하고 사람들의 불완전함을 너그럽게 봐주는 것으로 정의하며, 구성원들을 단순히 종업원이 아닌 기업가(Entrepreneur)이며 모험가(Risk Taker)로 인식하는 것입니다. 따라서 진취적 정신을 독려하고 구성원들간에 창조적인 대립과 도전을 통해 조직의 시너지를 만듭니다. 이러한 조직 내에서 임파워된 사람들은 절차에 따라 승인을 받아 일을 처리하는 것이 아니라 재량에 따라 일을 처리합니다. 이러한 접근방식을 임파워먼트에 대한 '유기체적 어프로치'라고 부릅니다.

로버트퀸은 일반적으로 사람들이 권한위임에 대해 긍정적인 생각을 갖고 있지만, 막상 자기의 구성원(부하직원)이 보다 임파워되는 것에 대해서는 마음이 편치 않은 자기모순을 갖고 있음을 지적하였습니다. 즉, 우리들 대부분이 상사한테는 유기체적 어프로치를 기대하면서도 자기 부하직원들은 기계적 어프로치를 받아들이기를 바라는 모순을 보인다는 것이죠.

그런데 여기서 주의할 것은 유기체적 어프로치가 무조건 좋은 것이고, 기계적 어프로치가 나쁜 것이다라고 이해해서는 안됩니다. 이 두 가지 관점은 임파워먼트를 실현하기 위한 구조를 만드는데 둘 다 필수적이고 상호보완이 되어야 하죠.

로버트퀸은 임파워먼트를 실현하기 위해 조직이 갖추어야 할 조건으로 명확한 비전과 도전, 개방성과 팀워크, 지원과 보호와 같은 유기체적 어프로치 관점의 조건뿐만 아니라 '규율과 통제'와 같은 기계적 어프로치 관점의 조건도 중요함을 역설하였습니다. 즉 부서내의 목표와 질서, 업무에 대한 명확한 책임소재의 정의가 효과적인 임파워먼트 실현을 위한 필요조건이라는 것이죠.

임파워먼트는 구성원이 스스로 파워를 가지고 있다는 느낌을 갖게 하는 것입니다. 자신이 충분히 문제해결을 할 수 있는 능력과 여건이 될 수 있음을 믿게 하는 것이죠. 대다수의 사람들이 크게 임파워되길 바라지만, 실제로 기회가 주어졌을 때 극소수의 사람들만이 이를 받아들이고 감당할 수 있습니다.

임파워먼트를 감당한다는 것은
자신의 능력에 대한 믿음을 토대로
어떤 일을 스스로 통제하며
결과에 대해 책임을 지는 것이니까요.
한 개인이 임파워되고 이를 감당해나간다는 것은
조직 안에서의 자유를 제대로 사용하고
활용하는 능력에 달려있다고도 볼 수 있습니다.
자유는 '선택할 수 있는 권리를 받아
그 권리를 행사하는 것'이며

'가치의 범주 안에서 가장 합리적인 선택을 하는 것'이니까요.

조직 안의 구성원 모두가 진정으로 자유를 누리고 감당할 수 있는 힘을 갖게 된다면 조직은 더욱더 성숙해 질 수 있습니다.

자신이 발견한 인생의 주제가 있는 사람은
개인적 경험과 선택에 대한 인식에 입각해
자신의 행동을 위한 대본을 직접 쓰는 사람이며
받아들인 인생의 주제를 가지고 있는 사람은
다른 사람들이 오래 전에 이미 작성해 놓았던
대본에 미리 규정되어 있는 역할을 그저 받아들이는 사람이다.

– 미하이 칙센트미하이(Mihaly Csikszentmihalyi)

지속성 지속적인 변화를 위해 필요한 조건은 무엇인가자, 다시 한번 인터널브랜딩 지도를 살펴보세요.

그리고 다음 질문에 각자의 답을 생각해보세요.

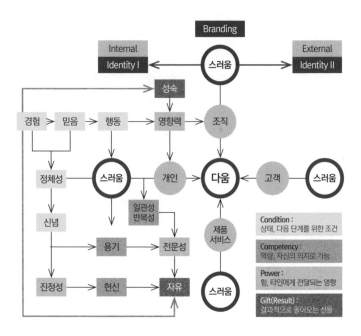

① 여러분은 현재 어떤 경험과 믿음을 만들고 있나요?

② 평소에 가장 여러분 '다운' 모습은 어떤 모습인가요?

③ 여러분이 지금껏 일관성과 반복성을 가지고 꾸준히 실천하고 있는 것은 무엇인가요? 그것을 지속적으로 해 온 이유는 무엇인가요?

---

④ 당신에게 매우 중요한 신념은 무엇인가요? 그것을 지키기 위해 어디까지 용기를 낼 수 있을까요?

---

⑤ 당신이 현재 속해있는 조직에서 당신은 충분한 자유를 누리고 있나요? 만일 그렇지 않다면, 조직 안에서 자유를 얻기 위해 어떻게 해야 할까요?

---

⑥ 우리 조직에서 최근에 내게 영향을 준 사건은 무엇인가요? 그것은 내게 어떠한 영향을 주었으며, 그로 인해 나의 사고와 행동은 어떻게 바뀌었나요?

---

⑦ 조직 안에서 개인이 진정성을 발휘하기 위해서는 어떻게 해야 할까요? 그리고 진정성이 지속적으로 유지되기 위해서는 무엇이 필요한가요?

✕

"우리가 일생이라 부르는 것은 오랜 시간에 걸쳐

주의력이라는 필터를 통과한 경험들의 총합이다."

– 미하이 칙센트미하이(Mihaly Csikszentmihalyi)

✕

칙센트미하이는 우리가 무엇에 주의를 집중하는가에 따라 삶의 질과 내용이 결정된다고 하였습니다. 누군가가 좋은 책은 독자가 책에서 등장하는 개념을 자기 내면에서 구현할 수 있도록 돕는 책이라고 하더군요. 그 말은 곧, 독자가 책의 내용과 더불어 자기 내면에 주의를 집중하도록 도움을 주는 책을 의미하는 것이 아닐까 싶습니다.

책을 읽는 사람의 생각과 맞닿아 스스로 사유할 수 있는 고민거리를 던져주는 것, 그래서 스스로 사유하고 사색해서 발견한 깨달음으로 삶의 작은 변화를 만드는 데에 도움을 주는 것이 좋은 책의 조건이라고 생각합니다. 이 책이 변화와 성숙이라는 기대를 가지고 살아가는 누군가에게 좋은 영감과 토양이 되어주었으면 좋겠습니다.

일을 하면서 오랫동안 고민한 조직 안에서의 자율과 책임의 문제와 개인의 성장, 그리고 조직의 성숙과 같은 쉽지 않은 주제들을 브랜딩의 관점을 빌려 최대한 쉽게 풀어보고자 했습니다. 그럼에도 불구하고 내용이 쉽게 이해되지 않고 다소 딱딱하고 모호한 부분이 있다면, 그것은 아직 표현과 설명이 미숙한 저의 탓임을 고백합니다. 아무래도 주의력이라는 필터를 더욱 예리하고 섬세하게 갖추어 지금보다 더 성장할 수 있는 다양한 경험들을 만들어야겠지요.

인생을 살아가면서 사람들은 각자의 환경에서 끊임없이 무언가를 경험합니다. 학습된 경험으로 습관과 행동양식을 만들어가며 삶의 모순과 함께 진리와 목적을 발견합니다. 목적을 향한 항해의 과정에서 우리는 깨지고, 쓰러지고, 상처받고, 유혹 받습니다. 다양한 사람과 환경의 영향으로 인해 우리가 구축해놓은 세계관은 조금씩 변형이 생기며 다시 수정되기도 하고요. 이렇게 목적을 향해 나아가며 삶에 대해 각자의 세계관이 만들어집니다.

인간으로서 삶을 살아간다는 것은 결국 자신의 세계관을 가꾸어 가는 과정이 아닐까 생각해봅니다. 주어진 삶을 진지하게 맞닥뜨리며 성숙을 향해 나아가는 과정이죠. 인생의 즐거움은 자신이 갖추어 놓은 세계관을 매 순간 관찰하고 돌이켜봄으로써, 이전에 다다르지 못한 영역으로 확장되는 것을 경험하는 데에 있습니다.

책을 쓰면서 이 책을 통해 만나게 될 독자 분들이 가지고 있는 생각과 충돌하며 새롭게 열리게 될 세계를 상상하며 설레고 행복했습니다. 우리는 모두 연결되어 있고 각자가 가지고 있는 세계관으로 서로를 확장시킬 수 있습니다. 이 책의 내용도 누군가의 삶의 영역을 확장시키는 데에 조금이나마 도움이 되면 좋겠습니다.

지금까지 저의 세계관을 만들어주시고, 나눌 수 있게 도움을 주신 모든 분들께 감사드립니다.

인터널브랜딩의 이야기를 정리할 수 있도록 제게 좋은 영감과 힌트를 준 참고문헌을 공유합니다.

◆ Burmann, C. and S. Zeplin. (2005). "Building Brand Commitment : A Behavioral Approach to Internal Brand Management," The Journal of Brand Management, 12(4), pp.279-300.

◆ González, T. F., & Guillén, M. (2008). Organizational commitment : A proposal for a wider ethical conceptualization of 'normative commitment'. Journal of Business Ethics, 78(3), pp.401-414.

◆ Nonaka, I., Toyama, R., & Konno, N. (2000). SECI, Ba and leadership : a unified model of dynamic knowledge creation. Long range planning, 33(1), pp.5-34.

◆ O'Reilly, C. A. and Chatman, J. A. (1996). "Culture as social control : Corporations, cults and commitment", Research in Organizational Behavior, Vol. 18, pp.157-200.

◆ 권선희, 김준석. (2012). 내부브랜딩 활동이 직원 브랜드 헌신과 성과에 미치는 영향에 관한 연구. 고객만족경영연구, 14(2), pp.63-84.

◆ Barry Schwartz · Kenneth Sharpe. (2012). 어떻게 일에서 만족을 얻는가, 김선영 역, 웅진지식하우스.

◆ Bertrand Russell. (2005). 행복의 정복, 이순희 역, 사회평론.

◆ Erich Fromm. (2016). 나는 왜 무기력을 되풀이하는가, 장혜경 역, 나무생각.

◆ Gary Hamel. (2012). 지금 중요한 것은 무엇인가, 방영호 역, 알키.

◆ Marshall B. Rosenburg. (2011). 비폭력 대화 : 일상에서 쓰는 평화의 언어 삶의 언어, 캐서린 한 역, 한국 NVC센터.

◆ Mihaly Csikszentmihalyi. (2004). 몰입 flow : 미치도록 행복한 나를 만난다, 최인수 역, 한울림.

◆ Ray Dalio. (2018). 원칙(Principles), 고영태 역, 한빛비즈.

◆ Peter M. Senge. (2014). 학습하는 조직(오래도록 살아남는 기업에는 어떤 특징이 있는가), 강혜정 역, 에이지21.

◆ Robert E. Quinn. (2018). 딥체인지 : 조직 혁신을 위한 근원적 변화, 박제영 · 한주한 역, 늘봄.

◆ 마스다 무네아키. (2015). 지적 자본론, 이정환 역, 민음사.

◆ 윤정구. (2015). 진성리더십(21세기 한국 리더십의 새로운 표준), 라온북스.

◆ 은유. (2017). 쓰기의 말들, 유유.

◆ 이창준. (2009). 리더십 패스파인더, 학이시습.

◆ 최진석. (2017). 경계에 흐르다, 소나무.

◆ 홍성태. (2016). 배민다움(배달의민족 브랜딩 이야기), 북스톤.

◆ https://subin.kim/2581(블로그 : CIA 가 알려주는 조직 망치는 비결
  − 원문 : https://www.cia.gov/news-information/featured-story-
  archive/2012-featured-story-archive/CleanedUOSSSimpleSabotage_
  sm.pdf)

그래서, **인터널브랜딩**

초판 1쇄 인쇄 2019년 7월 17일
초판 5쇄 발행 2023년 2월 22일

지은이 최지훈
펴낸이 최익성
편집 김선영
마케팅 송준기, 임동건, 임주성, 신현아, 홍국주, 김아름
마케팅 지원 김미나, 안보라
경영지원 이지원, 신현아
펴낸곳 플랜비디자인
디자인 올컨텐츠그룹

출판등록 제 2016-000001호
주소 경기도 화성시 동탄첨단산업1로 27 동탄IX타워 A동 3210호
전화 031-8050-0508
팩스 02-2179-8994
이메일 planbdesigncompany@gmail.com

ISBN 979-11-89580-10-0 03320